natürlich oekom!

Mit diesem Buch halten Sie ein echtes Stück Nachhaltigkeit in den Händen. Durch Ihren Kauf unterstützen Sie eine Produktion mit hohen ökologischen Ansprüchen:

- 100 % Recyclingpapier
- mineralölfreie Druckfarben
- Verzicht auf Plastikfolie
- Kompensation aller CO_2-Emissionen
- kurze Transportwege – in Deutschland gedruckt

Weitere Informationen unter www.natürlich-oekom.de und #natürlichoekom

Das Erscheinen der deutschsprachigen Erstausgabe dieses Buches wurde von den österreichischen Nationalparks initiiert.

Bibliografische Information der Deutschen Nationalbibliothek:
Die Deutsche Nationalbibliothek verzeichnet diese Publikation in der Deutschen Nationalbibliografie; detaillierte bibliografische Daten sind im Internet über http://dnb.d-nb.de abrufbar.

Published by Arrangement with THE UNIVERSITY OF NORTH CAROLINA PRESS, CHAPEL HILL, NC USA
Dieses Werk wurde vermittelt durch die Literarische Agentur Thomas Schlück GmbH, 30827 Garbsen.

oekom verlag, Gesellschaft für ökologische Kommunikation mbH, Goethestraße 28, 80336 München

Layout und Satz: Reihs Satzstudio, Lohmar
Korrektorat: Josef Mayer, Sinzheim
Umschlagentwurf: Elisabeth Fürnstein, oekom verlag
Abbildung Buchcover: © Nationalpark Gesäuse, Stefan Leitner
Abbildung Umschlagrückseite Freeman Tilden: photograph by M. Woodbridge Williams, courtesy of National Park Service
Abbildung Umschlagrückseite Thorsten Ludwig: © Gudrun Keck
Druck: Esser printSolutions GmbH, Ergolding

ISBN 978-3-96006-169-4

Freeman Tilden

Natur- und Kulturerbe vermitteln – das Konzept der Interpretation

Originaltitel:
Interpreting Our Heritage

Herausgegeben von Thorsten Ludwig
Übersetzung: Daniel Fuchs

Inhaltsverzeichnis

Interpreting Our Heritage ist in bislang vier Auflagen bei The University of North Carolina Press in Chapel Hill (USA) erschienen.

Die 1. Auflage ist von 1957. Sie besteht aus den Teilen I und II, jedoch ohne das Kapitel 15, das erst in der 2. Auflage von 1967 hinzugefügt wurde. Die 3. Auflage erschien 1977 unverändert im gleichen Umfang, der auch dem Umfang der vorliegenden Übersetzung entspricht. Als Übersetzungsvorlage diente jedoch die 4. Auflage von 2007, die nicht mehr zu Lebzeiten von Tilden erschien und einen zusätzlichen, aus weiteren Schriften des Autors zusammengestellten Teil III enthält. Dieser dritte Teil wurde hier nicht übersetzt.

Wo in der 4. Auflage fehlerhafte Angaben erkannt wurden und sich zeigte, dass diese in früheren Auflagen korrekt waren, wurde auf die früheren Auflagen zurückgegriffen.

Vorwort

Es gibt geschützte Landschaften, die uns auf Anhieb fesseln, deren Bedeutung sich uns aber erst auf den zweiten Blick erschließt. Das gelingt dann am besten, wenn wir von diesen Landschaften berührt sind und wenn wir das, was wir dort erleben, mit unserer persönlichen Erfahrungswelt verknüpfen können. Diese Tatsache herauszuarbeiten und zum ersten Grundsatz der Annäherung an unser Natur- und Kulturerbe zu machen, ist das große Verdienst von Freeman Tilden.

Die Prinzipien, die Tilden vor sechzig Jahren bei der Begegnung mit Naturlandschaften aufgestellt hat, haben mittlerweile auch an kulturhistorischen Stätten Einzug gehalten. Hier wie da haben Besucherinnen und Besucher oft nur wenig Zeit, und nicht immer sind sie an den Informationen interessiert, die Museumsführerinnen und Museumsführer oder Nationalpark-Ranger für sie bereithalten. Es bedarf also einiger Kunstgriffe, um zwischen dem Gegenstand, den Besucherinnen und Besuchern und dem eigenen Anliegen zu vermitteln. Genau davon handelt dieses Buch.

Den Originaltitel »Interpreting Our Heritage« kann man wörtlich mit »Unser Erbe vermitteln« übersetzen. Nationalparks schützen einen wichtigen Teil unseres Naturerbes, und in Österreich hat sich Nationalparks Austria dieser Aufgabe verschrieben. Mit dem fortschreitenden Verschwinden »wilder« Natur kommt diesem Anliegen eine immer größere Bedeutung zu. Damit Menschen Zukunft nachhaltig gestalten können, müssen sie sich den Zugang zu ihrem Natur- und Kulturerbe immer wieder neu erschließen. Freeman Tilden zeigt, wie das gehen kann.

Es war ein Vortrag von Thorsten Ludwig, der mich vor einigen Jahren auf Anhieb von Tildens Ideen begeisterte. Leider war »Interpreting Our Heritage« bisher nicht in unserer Muttersprache verfügbar. Um die Verbreitung von Interpretation zu fördern, hat Nationalparks Austria die erste Auflage dieses Standardwerkes in deutscher Sprache angeregt und nun auch als Auftraggeber maßgeblich zur Verwirklichung beigetragen.

Bereits 1957 ist dieses Buch erstmals erschienen und doch ist sein Inhalt so aktuell wie vor 60 Jahren. Vor zehn Jahren wurde das Werk zum vierten Mal aufgelegt. Der Text der ersten deutschen Auflage wurde kaum verändert. Lediglich die Bilder wurden ausgetauscht, um Interpretation auch optisch ins Europa der Gegenwart zu holen.

Wir wünschen viel Spaß bei der Lektüre, vor allem aber eine erfolgreiche Umsetzung der Interpretation bei der beruflichen oder ehrenamtlichen Tätigkeit, sei es an einer kulturhistorischen Stätte, in einer geschützten Naturlandschaft oder an einem ganz anderen Ort, an dem Menschen ihrem Kultur- oder Naturerbe begegnen.

Herbert Wölger

Direktor des Nationalparks Gesäuse
Vorstandsmitglied Verein Nationalparks Austria

Einleitung des Herausgebers

Interpretation stellt so manches auf den Kopf. Während andere Bildungskonzepte eher auf Erlebnisse oder auf Fakten ausgerichtet sind, kreist Interpretation vorrangig um die Bedeutung, die das Erleben von Orten, Gegenständen oder Ereignissen für einzelne Menschen hat.

Im Grunde genommen ist die Suche nach Bedeutung so alt wie die menschliche Kultur; sie in den Mittelpunkt von Bildungserlebnissen zu stellen, ist für uns aber eher ungewohnt. Der ehrliche Austausch darüber, was für Menschen Bedeutung hat, ist indes nicht nur für die Bewahrung dessen wichtig, sondern auch für den Zusammenhalt in einer Gesellschaft. Dass Interpretation das tut, darin mag das Geheimnis für den Erfolg und für die Langlebigkeit des Konzepts liegen. Als eines von wenigen Bildungskonzepten wird Interpretation seit Jahrzehnten weltweit gelehrt, von kurzen Weiterbildungen bis hin zum Hochschulstudium.

Interpretation richtet sich an alle, die zur unmittelbaren Begegnung mit dem Natur- und Kulturerbe anregen möchten. Dies geschieht vor allem in geschützten Landschaften wie Natur- und Nationalparks, in Baudenkmälern oder an Gedenkstätten, in Museen, Zoos oder botanischen Gärten. Es geschieht in Gesprächen oder auf Führungen, durch die Gestaltung von Orten oder über die Entwicklung von Medien, die das unmittelbare Erleben unterstützen – vom Tafeltext bis zur Smartphone-App.

Freeman Tilden, der Autor des Buchs, in das wir nun hineinschauen, hatte vor 60 Jahren die Vorstellung, dass für den Erfolg des vielgestaltigen Lernens an all diesen Orten eine überschaubare Reihe von Grundsätzen ausschlaggebend ist. Er hat diese Grundsätze nie als absolut verstanden. Dass sein Buch bis heute als Grundlagenwerk der Natur- und Kulturinterpretation gilt, lässt aber vermuten, dass er mit seiner Auswahl nicht ganz falsch gelegen hat.

Zur Entstehung der Originalausgabe

Als *Interpreting Our Heritage* 1957 erstmals in den USA erscheint, ist Freeman Tilden (1883–1980) seiner Zeit ein ganzes Stück weit voraus. Tilden führt *Heritage Interpretation* als Bildungsangebot ein, zugleich aber auch als eine Kunst, die sich im Wesentlichen um die Frage dreht: Wie können wir Menschen helfen, ihrem Natur- und Kulturerbe einen Sinn zu geben? Er schreibt: »Unsere Angebote zielen nicht darauf ab, etwas mit dem Zuhörer zu tun, sondern ihn zu veranlassen, etwas mit und für sich selbst zu tun.«

Auf ausgedehnten Reisen hat Tilden Menschen beobachtet, denen das gut gelingt, und aus diesen Beobachtungen leitet er nun einfache Richtlinien ab. Etwa, dass Inhalte mit der Lebenswelt der Menschen verknüpft werden sollten, dass es gut ist, Neugier zu wecken und Zusammenhänge spannend zu enthüllen, um zur eigenen Auseinandersetzung anzuregen, oder dass das unmittelbare Erleben an erster Stelle stehen, aber zugleich von den Sinnen zum Sinn führen sollte. Tilden führt Begriffe wie »Ganzheitlichkeit« ein – und »das seltsame Wort Partizipation«. Obwohl er mit beiden Beinen fest in seiner Zeit steht und der eine oder andere Abschnitt seines Buches insofern etwas altbacken daherkommen mag, ist an anderen Stellen kaum zu glauben, dass *Interpreting Our Heritage* bereits um die Mitte des 20. Jahrhunderts geschrieben wurde. Dabei ist Tilden weder ein versierter Reformpädagoge noch eine Autorität in Naturschutz- oder Museumskreisen. Er ist ein klassischer Seiteneinsteiger – und zwar ein sehr später.

Der junge Freeman Tilden wächst in Neuengland auf, an der Ostküste der USA. Sein Vater ist der Verleger des *Boston Transcript* und mit 14 Jahren beginnt Tilden für diese Zeitung zu schreiben. Um 1900 wird er Journalist und ist von da an ständig unterwegs: in den USA, in Europa und in Südamerika.

Seit der Zeit des Ersten Weltkriegs entfaltet Tilden zudem eine immer reichere schriftstellerische Tätigkeit. Er verfasst Gedichte und Theaterstücke, zahlreiche Kurzgeschichten und ein halbes Dutzend

Romane. Die Figuren sind oft Idealisten, die Ausrichtung ist an den Strömungen der Zeit orientiert. So ist *Second Wind* (1917) ein Aussteigerroman, während *Khaki* (1918) durchaus patriotisch gefärbt ist. Eines von Tildens Theaterstücken wird ein Jahr lang am Broadway aufgeführt.

In den 1930er-Jahren wendet sich Tilden mehr der Sachliteratur zu. Ein eindrucksvolles Werk aus der Zeit nach der Weltwirtschaftskrise ist *A World in Debt* (1936). Dass wir uns durch unsere Lebensweise verschulden, nicht zuletzt gegenüber künftigen Generationen, ist ein Motiv, das Tilden auch später immer wieder aufgreift. Zu Beginn des Zweiten Weltkriegs gibt er *Open Door* heraus, eine Zeitschrift, die vor allem Naturthemen zum Inhalt hat. Nach einer persönlichen Begegnung mit dem Direktor des US National Park Service, Newton Drury (1889–1978), ist Tilden seit Anfang der 1940er-Jahre schließlich unterwegs, um für die Nationalparkidee zu werben.

1951, Freeman Tilden ist bereits 68 Jahre alt, legt er dazu sein erstes Werk vor, das zugleich sein auflagenstärkstes wird: *The National Parks – What They Mean to You and Me.* Das Buch dient vor allem als Reiseführer, ist aber auch ein Appell für die Suche nach Bedeutungen in den großräumigen Naturlandschaften der USA – eine Idee, die Tilden fortan nicht mehr loslässt. Er beschreibt darin zum Beispiel, wie ein Ranger einen See für einen sehbehinderten Menschen erfahrbar macht, und kommt zu dem Schluss: »Wir alle sind in gewisser Weise blind, auch die, die meinen, sie wären im Vollbesitz ihrer Sehkraft.« Wie Interpretation Menschen helfen kann, Barrieren unterschiedlichster Art zu überwinden, um ihnen tiefere Einsichten zu ermöglichen, dafür möchte er noch mehr Beispiele finden.

1953 verfasst Freeman Tilden *The Fifth Essence*, eine auf 1000 Exemplare limitierte Schmuckausgabe des US National Park Service. Neben den vier greifbaren Elementen der antiken Naturphilosophie, Feuer, Wasser, Erde und Luft, meint die »fünfte Essenz« das Wesen der Dinge und damit den eigentlichen Kern der Interpretation. Tilden schreibt: »Hinter den Dingen, die wir sehen, liegen die größeren Dinge, die wir nicht sehen.«

Der Direktor des National Park Service, nun Conrad Wirth (1899–1993), schickt im gleichen Jahr ein Memorandum an alle Nationalparkleiter in den USA, dessen Credo ist: »Schutz durch Wertschätzung, Wertschätzung durch Verständnis und Verständnis durch Interpretation«. Damit bekommt Interpretation im National Park Service eine Schlüsselrolle zugewiesen und der Grundstein für eine Professionalisierung der Interpretation ist gelegt. Als weltweit erster Berufsverband, der Interpretation im Namen trägt, wird 1954 die *Association of Interpretive Naturalists* gegründet.

1957, als *Interpreting Our Heritage* erscheint, ist Tilden 74 Jahre alt. Er verknüpft seine reiche Berufserfahrung mit dem, was er in den Nationalparks der USA beobachtet, und mit seinen eigenen »Experimenten« in der Gästebetreuung. Heraus kommt eine kurze und leicht verständliche, bisweilen auch recht subjektive Schrift, die zum Wesentlichen vordringen möchte.

Seit den 1930er-Jahren ist das amerikanische Nationalparksystem erheblich ausgeweitet worden. Zu den Nationalparks ist eine Vielzahl kultureller Erbestätten von nationaler Bedeutung getreten – auch solche, die verschiedenen Menschen Unterschiedliches bedeuten und somit durchaus kontrovers gedeutet werden. Dazu gehören die verlassenen Siedlungsstätten der verdrängten eingeborenen Bevölkerung ebenso wie die Schlachtfelder des amerikanischen Bürgerkriegs. Die Zahl der Besucherinnen und Besucher steigt insbesondere nach dem Zweiten Weltkrieg drastisch und während einige Parks noch über gar keine Angebote verfügen, gleichen andere eher Rummelplätzen – von Vorführungen mit Tanzbären bis zu Einladungen zur Busfahrt durch einen Mammutbaum. Es fehlen Qualitätsmaßstäbe für das, was seit 1940 unter dem Begriff *Heritage Interpretation* zusammengefasst wird. Tilden schreibt: »Es reicht aus, einem der schlechteren Interpretationsversuche beizuwohnen, um sich von Herzen zu wünschen, dass es vermittelbare Grundlagen, vielleicht auch Schulen für Interpretation gäbe.«

Während Tilden an diesen Grundlagen arbeitet, bereitet sich der 1916 gegründete National Park Service auf sein 50-jähriges Bestehen vor.

Mehr als eine Milliarde Dollar wird zwischen 1956 und 1966 für diese *Mission 66* bereitgestellt. In Planung sind auch ein Ausbildungszentrum für Interpretationsranger (1964 eröffnet) und ein Gestaltungszentrum für Tafeln und Veröffentlichungen nach einheitlichem Design, das alle Einrichtungen des National Park Service von Maine bis Hawaii versorgen soll (1970 eröffnet). Beide Zentren entstehen in Harpers Ferry (West Virginia). Der vor den Toren Washingtons gelegene Ort, heute selbst National Historical Park, wird zum Mittelpunkt der Interpretation im National Park Service. 1964 wird eine eigene Abteilung für Interpretation ins Leben gerufen, die unmittelbar dem Direktor untersteht. Tildens Buch bietet eine gute Orientierung – es kommt genau zur richtigen Zeit.

1967, als die zweite Auflage von *Interpreting Our Heritage* erscheint, lässt Tilden den Text unverändert. Er fügt lediglich ein weiteres Kapitel an: In *Vistas of Beauty* geht es um die Beziehung zwischen Nützlichkeit und Schönheit. Hier wird Tilden nun auch etwas politischer. Er fordert unverblümt, »mit der nachlässigen Schlamperei des Wohlstands aufzuräumen«. Mit Blick auf die heraufdämmernde Umweltkrise erklärt er ungewohnt düster: »Jetzt wird uns die Rechnung präsentiert.« *Vistas of Beauty* ist Tilden so wichtig, dass das Kapitel auch in die Neuauflage von *Our National Parks* aufgenommen wird.

Im gleichen Jahr greift er seine Idee, dass die Gesellschaft auf Kredit lebt, erneut auf. Im Auftrag des Direktors des National Park Service, nun George Hartzog (1920–2008), bereist er zum letzten Mal die Parks und verfasst zum 200-jährigen Bestehen der USA: *Who Am I? – Reflections on the Meaning of Parks*. Hier nimmt er unmittelbar auf die Grenzen des Wachstums Bezug: »Wenn wir unsere Grenzen nicht kennen, werden unsere Bestrebungen fehlgehen.«

1977 wird die unveränderte 3. Auflage von *Interpreting Our Heritage* gedruckt. Es soll die letzte Auflage werden, die noch zu Tildens Lebzeiten erscheint; der Umfang der vorliegenden deutschen Ausgabe entspricht diesem Buch. 1980, im Alter von 96 Jahren, stirbt Tilden.

Interpretation in der Zeit vor Tilden

Mit *Interpreting Our Heritage* hat Freeman Tilden der Natur- und Kulturinterpretation erstmals eine Orientierung gegeben. Hierfür wird er bis heute vom National Park Service gewürdigt, der für herausragende Leistungen auf dem Gebiet der Interpretation seit 1982 jährlich den Freeman Tilden Award verleiht.

Wie schon im vorigen Abschnitt deutlich geworden ist, geht die Einführung des Begriffs »Interpretation« aber keinesfalls auf Freeman Tilden zurück. Auch einige der Grundsätze, die Tilden beschreibt, sind innerhalb der Nationalparks in den USA nicht zum ersten Mal beschrieben worden. Wenigstens zwei Namen müssen in diesem Zusammenhang genannt werden: John Muir (1838–1914) und Enos Mills (1870–1922).

Enos Mills entwickelt als Erster ein Konzept für personale Interpretation. Bereits 1906 gründet er in den Rocky Mountains eine *Trail School*. Nachdem das Gebiet auf sein Betreiben hin zum Nationalpark erklärt worden ist, führt er 1917 ein Zertifizierungssystem für *Nature Guides* ein, das – für die damalige Zeit ungewöhnlich – auch Frauen offensteht. Mills schreibt vereinzelt von *Poetic Interpretation* bevorzugt aber den Begriff *Nature Guiding*. Seine Erfahrungen hält er 1920 in dem Buch *Adventures of a Nature Guide* fest.

Im 1916 gegründeten National Park Service werden um diese Zeit bereits erste Ausbildungsrichtlinien für *Park Naturalists* entwickelt. Im Yosemite-Nationalpark in Kalifornien ist auf einer Gedenktafel zu lesen, dass die Entwicklung der *Park Interpretation* 1920 genau dort ihren Anfang genommen hat – ausgehend von einem aus Europa mitgebrachten Konzept. Tatsächlich gibt es in den Westalpen schon im 19. Jahrhundert Ausbildungsrichtlinien für Bergführer, die auch naturkundliche Inhalte umfassen. Die Frage, wie diese Inhalte an die Menschen herangetragen werden, spielt dabei aber noch keine wesentliche Rolle. Die für Europa schmeichelhafte These von dem aus Europa in die USA übertragenen Konzept lässt sich insofern nur teilweise aufrechterhalten.

Im Yosemite-Nationalpark, dem der National Park Service hier eine Schlüsselstellung zuweist, hatte sich auch Enos Mills kurzzeitig aufgehalten. Zu Beginn des 20. Jahrhunderts war er dort auf Einladung seines väterlichen Freundes John Muir zu Gast. Der im schottischen Dunbar geborene Sohn britischer Einwanderer ist nicht nur Initiator des Yosemite-Nationalparks, er gilt auch als Begründer des Naturschutzes in den USA. John Muir ist es, dem die Einführung des Begriffs »Interpretation« im Sinn der Deutung unmittelbarer Naturerfahrung zugeschrieben wird. Noch vor der Ausweisung der ersten Nationalparks notiert er 1871 im Yosemite-Gebiet:

Ich werde die Felsen interpretieren, die Sprache der Fluten, der Stürme und der Lawinen erlernen. Ich werde mich mit den Gletschern und mit den wilden Gärten vertraut machen, um dem Herzen der Welt so nah zu kommen, wie ich nur kann.

John Muir versteht Interpretation vor allem als einen persönlichen Bildungsprozess. Nur vereinzelt führt er Gäste durch das Yosemite-Gebiet. Allerdings ist er zu seiner Zeit die erste Anlaufstelle, wenn es um das Eintreten für und die Auseinandersetzung mit Natur geht.

Muirs prominenteste Besucher sind der Philosoph und Schriftsteller Ralph Waldo Emerson (1803–1882), auf den später noch eingegangen wird, und der amerikanische Präsident Theodore Roosevelt (1858–1919). Mit ihm verbringt Muir abseits der Zivilisation (und abseits des Protokolls) drei Nächte in der Wildnis; eine Episode, die die weitere Entwicklung des Nationalparkprogramms in den USA entscheidend vorantreibt.

Bezüge zur europäischen Geisteswelt

Wenngleich Interpretation als Bildungsansatz nicht aus Europa in die USA gebracht worden ist, stellt sich doch die Frage, was in Europa und insbesondere im deutschsprachigen Raum zu dieser Zeit gedacht und geschrieben wird.

John Muir wurde als Gründervater des Naturschutzes in den USA vorgestellt. Als dessen Entsprechung in Deutschland kann der Berliner Musikprofessor Ernst Rudorff (1840–1916) gelten. Anders als für Muir steht für Rudorff allerdings die Bewahrung harmonischer Kulturlandschaften im Vordergrund.

Die Wertschätzung wilder Natur, die durch die Nationalparkidee mit der Gründung des Yellowstone-Nationalparks 1872 in den USA nationale Bedeutung bekommt, wird in Mitteleuropa erst 1914 mit der Ausweisung des Schweizerischen Nationalparks offiziell. In Deutschland und Österreich tut man sich mit der Idee grundsätzlich schwer, Natur weiträumig sich selbst zu überlassen. Der Nationalpark Bayerischer Wald wird als erster deutscher Nationalpark erst 1970 eröffnet, in Österreich dauert es gar bis 1981, bis der Kärntner Teil der Hohen Tauern zum ersten Nationalpark erklärt wird.

Anders verhält es sich mit der Bewahrung des Kulturerbes. So handelt es sich beispielsweise auch bei den Freilichtmuseen, die Tilden mehrfach zur Sprache bringt, um eine europäische Erfindung. Die erste Sammlung von historischen Gebäuden wird 1881 im heutigen Oslo eröffnet und 1891 gründet der schwedische Philologe Artur Hazelius (1833–1901) bei Stockholm *Skansen*, das zweite und vielleicht berühmteste Freilichtmuseum. Das Personal tritt dort von Beginn an in den historischen Trachten auf, die zur jeweiligen Zeit in den Gebäuden getragen wurden, und wird so gewissermaßen Teil der Ausstellung. In den USA, insbesondere in Colonial Williamsburg, der zum Teil restaurierten und wiederaufgebauten Hauptstadt der ehemaligen britischen Kolonie von Virginia, wird dieser Ansatz seit den 1920er-Jahren erheblich weiterentwickelt. Heute ist die Rolleninterpretation in historischen Kostümen in vielen Einrichtungen dieser Art auch in den deutschsprachigen Ländern verbreitet.

Gegen Ende des 19. Jahrhunderts allerdings bewegen sich John Muir und Ernst Rudorff noch in gänzlich unterschiedlichen Welten – der eine in der kalifornischen Bergwildnis, der andere in der Großstadt Berlin. Beide sind sich indes darin einig, dass die Deutung des Natur-

wie des Kulturerbes durch den einzelnen Menschen für dessen Wertschätzung und für dessen Erhalt entscheidend ist. In seinem knappen, aber grundlegenden Werk *Heimatschutz* schreibt Rudorff 1897: »Nicht wie die Dinge an sich beschaffen sind, sondern was sie dem Geist bedeuten, macht ihren eigentlichen Wert aus.«

Als Tildens Buch 60 Jahre später erscheint, ist die Zusammenschau von Fakten und Bedeutungen in Deutschland offenbar weitgehend verloren gegangen. In der Einführung zur ersten Auflage von *Interpreting Our Heritage* bedauert der amerikanische Historiker Christopher Crittenden (1902–1969), dass die Veröffentlichungen in seinem Bereich nur noch einem kleinen Kreis Gelehrter zugänglich seien, für die es geradezu ehrenrührig wäre, allgemein verständlich zu schreiben – und zwar durch den Einfluss deutscher Hochschulen. Hier hat im Verlauf der Verwerfungen der ersten Hälfte des 20. Jahrhunderts offenbar ein deutlicher Wandel stattgefunden. Denn gerade auf die universale Sicht deutscher Dichter und Denker aus dem 19. Jahrhundert nimmt Tilden in *Interpreting Our Heritage* reichlich Bezug.

Johann Wolfgang von Goethe (1749–1832) wird im Zusammenhang mit der Notwendigkeit zitiert, Schönes zu fördern, Immanuel Kant (1724–1804), als es darum geht, von Ideen geleitet zu werden, Alexander von Humboldt (1769–1859), um die Bedeutung der stillen Betrachtung zu untermauern, und mit einem Zitat von Heinrich Heine (1797–1856) zur Rolle der Liebe bei der Naturbetrachtung wird ein ganzes Kapitel eingeleitet.

Was all diese Autoren verbindet, ist nicht nur ihr Wirkungszeitraum: gegen Ende des 18. bis zur Mitte des 19. Jahrhunderts. Wie bei Muir und Rudorff ist es auch die Überzeugung, dass Wertschätzung vor allem daraus entsteht, dass unmittelbare Erfahrungen mit Orten und Gegenständen als bedeutsam empfunden werden. Tatsächlich findet sich in dieser von Idealismus und Romantik geprägten Zeit eine atemberaubende Fülle weiterer Verbindungen in die Ideenwelt der Interpretation.

Friedrich von Schlegel (1772–1829) schreibt: »Die Welt ist kein System, sondern eine Geschichte, aus der nachher freilich Gesetze folgen können.« Geschichten hinter den Dingen zu enthüllen und spannend zu erzählen, ist eine wichtige Fähigkeit in der Interpretation.

Caspar David Friedrich (1774–1840) rät: »Der Maler soll nicht bloß malen, was er vor sich sieht, sondern auch, was er in sich sieht. Sieht er aber nichts in sich, so unterlasse er auch zu malen, was er vor sich sieht.« Tilden schreibt: »Information an sich ist noch keine Interpretation.«

Joseph von Eichendorff (1788–1857) reimt: »Schläft ein Lied in allen Dingen, die da träumen fort und fort, und die Welt hebt an zu singen, triffst Du nur das Zauberwort.« Interpretation sucht fortwährend nach Begriffen, die den Dingen für die Menschen Bedeutung geben.

Alexander von Humboldt meint: »Um die Natur in ihrer ganzen erhabenen Größe zu schildern, darf man nicht bei den äußeren Erscheinungen allein verweilen; die Natur muss auch dargestellt werden, wie sie sich im Innern der Menschen abspiegelt.« Seine öffentlichen Reisevorträge lässt er zur Veranschaulichung durch großformatige Bilder illustrieren, in die er seine Gäste durch eine bildhafte und volksnahe Sprache entführt, was ihm – quer durch alle Milieus – ein begeistertes Publikum beschert. Naturräume bezeichnet er selbst als »Gemälde«. Tilden fordert in seiner Definition von Interpretation, »Bedeutungen und Zusammenhänge … mit veranschaulichenden Mitteln zu enthüllen«.

Wilhelm von Humboldt (1767–1835) hat deutlich andere Schwerpunkte als sein jüngerer Bruder. Aber auch bei ihm liest man: »Unverkennbar ist überall dies ästhetische Gefühl, mit dem uns die Sinnlichkeit Hülle des Geistigen und das Geistige belebendes Prinzip der Sinnenwelt ist.« Wie bei der Interpretation geht es ihm um die Wechselwirkung zwischen unmittelbarer Erfahrung und Reflexion.

Kant schreibt in diesem Sinn in einem der zugänglichsten Abschnitte seiner *Kritik der reinen Vernunft*: »Unsere Natur bringt es so mit sich, dass die Anschauung niemals anders als sinnlich sein kann … Dagegen ist das Vermögen, den Gegenstand sinnlicher Anschauung zu denken, der Verstand. Keine dieser Eigenschaften ist der anderen vorzuziehen. Ohne Sinnlichkeit würde uns kein Gegenstand gegeben und ohne Verstand keiner gedacht werden. Gedanken ohne Inhalt sind leer, Anschauungen ohne Begriffe sind blind.«

Goethe versucht stets Naturwissenschaft, Philosophie, Politik und Dichtung in einer Zusammenschau miteinander zu verbinden und betrachtet den Menschen dabei nicht als externen Betrachter, sondern als innerhalb des Betrachtbaren stehend, weil systemisch zu diesem gehörend: »Wär' nicht das Auge sonnenhaft, wie könnten wir das Licht erblicken?« Nicht alle seine Versuche, das, was er für bedeutungsvoll hält, auf die Natur anzuwenden, stellen sich im Nachhinein als erfolgreich heraus. Zu Tildens Vorschlag, dass Interpretation auf tiefere Wahrheiten ausgerichtet ist, passt auch Goethes Idee, »dass ein roter Faden durch das Ganze durchgeht, den man nicht herauswinden kann, ohne alles aufzulösen«.

Friedrich von Hardenberg alias Novalis (1772–1801), der (wie Alexander von Humboldt) Geologie in Freiberg studiert und ein früher Verfechter der Romantik ist, schreibt 1798: »Ein Verkündiger der Natur zu sein, ist ein schönes und heiliges Amt … Nicht der bloße Umfang und Zusammenhang der Kenntnisse, nicht die Gabe, diese Kenntnisse … an bekannte Begriffe und Erfahrungen anzuknüpfen und die … fremd klingenden Worte mit gewöhnlichen Ausdrücken zu vertauschen, selbst nicht die Geschicklichkeit, … die Naturerscheinungen in … treffend beleuchtete Gemälde zu ordnen, … alles dies macht noch nicht das echte Erfordernis eines Naturkündigers aus … Wer in ihr alles sucht, … der wird nur den für seinen Lehrer und für den Vertrauten der Natur erkennen, der mit Andacht und Glauben von ihr spricht.« In seiner Charakterisierung des Naturkündigers führt Novalis die wesentlichen Kriterien dessen an, was Interpretation im Sinne von Tilden kennzeichnet.

Das von Tilden in *Interpreting Our Heritage* angeführte und bereits erwähnte Zitat von Heinrich Heine aus *Die Harzreise* lautet: »Eben wie ein großer Dichter, weiß die Natur auch mit den wenigsten Mitteln die größten Effekte hervorzubringen. Da sind nur eine Sonne, Bäume,

Blumen, Wasser und Liebe. Freilich fehlt letztere im Herzen des Beschauers, so mag das Ganze wohl einen schlechten Anblick gewähren, und die Sonne hat dann bloß soundsoviel Meilen im Durchmesser, und die Bäume sind gut zum Einheizen, und die Blumen werden nach den Staubfäden klassifiziert, und das Wasser ist nass.« Die Bedeutung der Zuneigung zu den Dingen wie zu den Menschen ist für Tilden in der Interpretation zentral. In Kapitel 8 schreibt er: »Ich glaube, es läuft darauf hinaus, dass man den Gegenstand lieben und mit seinen Mitmenschen auf einer Wellenlänge liegen muss«, und zum Abschluss von Kapitel 12 lesen wir: »Die sechs Grundsätze, die dieses Buch einleiten, könnten also am Ende in einem einzigen aufgehen – ähnlich der ›einen Wissenschaft‹ des Sokrates. Sollte das der Fall sein, dann bin ich mir sicher, dass dieser eine Grundsatz Liebe heißt.«

Etwa zu der Zeit, als Heinrich Heine den Harz bereist, hält sich auch Ralph Waldo Emerson in Europa auf: der amerikanische Schriftsteller und Philosoph, der bereits als Gast von John Muir erwähnt wurde und den Tilden in seinem Werk am häufigsten zitiert. Emerson begegnet auf seiner Reise namhaften britischen Romantikern und macht sich mit dem deutschen Idealismus vertraut.

Nach seiner Rückkehr in die USA verfasst er *Natur*, eine Reihe von Essays, die ein selbstbestimmtes Leben im Einklang mit der Natur zum Thema haben. Emerson gilt als wesentlicher Impulsgeber des unter anderem auf den Überlegungen von Kant fußenden amerikanischen Transzendentalismus, der neben dem Naturschutz weitere progressive Forderungen wie die Sklavenbefreiung und die Frauenrechte proklamiert. Der Schriftsteller und Philosoph Henry David Thoreau (1817–1862) gehört dieser Bewegung an und John Muir fühlt sich ihr gleichfalls verbunden.

1871, im gleichen Jahr, in dem John Muir sein bereits erwähntes Zitat zur Interpretation niederschreibt, verbringen er und Emerson mehrere Tage im Yosemite-Tal. Für den deutlich jüngeren Muir, der Ralph Waldo Emerson auf längere Ausflüge in die Wildnis entführen möchte, ist dessen eher geistige Durchdringung der Materie unter entschiedenem Verzicht auf Lagerfeuernächte in der Bergwildnis allerdings eher ernüchternd. Es ist durchaus wahrscheinlich, dass Tildens Vorliebe für Emerson auch damit zu tun hat, dass beide in der Region Boston aufgewachsen sind. Auf ein Zitat des »weisen Emerson« (Tilden) geht sogar einer der sechs Grundsätze zurück, die Tilden für die Interpretation formuliert: »Interpretation soll vor allem anregen, nicht belehren«.

Was Tilden nicht tut

Schon eingangs wurde erwähnt, dass Tilden Interpretation zwar als Bildungsarbeit versteht, aber keinerlei Bezüge zu anderen Bildungskonzepten herstellt. In dieser Hinsicht wirkt das Buch geradezu losgelöst. Von jeglicher Theorie unbelastet, trägt Tilden seine Erkenntnisse zusammen: aus 50 Jahren journalistischer Erfahrung, aus der Beobachtung von Rangern in Nationalparks und aus Schlüssen, die er aus eigenen Versuchen zieht. Während er, sich frei in Zeit und Raum bewegend, gern philosophische Impulse aufgreift, geht er auf deren Übertragung in den Bildungsbereich, die zur jeweiligen Zeit ja durchaus stattgefunden hat, an keiner Stelle ein.

So enthält Tildens Buch keinen Verweis auf Überlegungen von Autoren wie Rousseau, Pestalozzi, Blasche oder Fröbel, die zu den von Tilden zitierten Grundhaltungen aus dem 18. und 19. Jahrhundert im Bezug stehen. Es enthält keinen Verweis auf reformpädagogische Strömungen des frühen 20. Jahrhunderts wie die von Freinet, Hahn oder Montessori, die Tilden als Zeitgenosse wahrgenommen haben könnte, und die allesamt selbstbestimmtes und erlebnisorientiertes Lernen zu fördern suchen. Es enthält aber auch keinen Verweis auf Autorinnen oder Autoren aus den USA, die Tildens Aufmerksamkeit kaum entgangen sein können: aus dem 19. Jahrhundert etwa Alcott, Fuller oder Peabody, im 20. Jahrhundert – also zu Tildens Lebzeiten – zum Beispiel Dewey, Kilpatrick oder Parkhurst.

Ähnlich verhält es sich mit den Bildungsansätzen aus dem Umfeld der Nationalparks. Während Tilden sorgsam darauf bedacht zu sein scheint, die offiziellen (und nicht immer erfolgreichen) Initiativen des National Park Service im Bildungsbereich zu listen und zu würdigen, erwähnt er Wegbereiter wie Muir oder Mills mit keiner Silbe. Und wenngleich sich Tilden nach dem Erscheinen von *Interpreting Our Heritage* noch mehr als 20 Jahre lang mit Interpretation befasst und als gern gesehener Redner in den Ausbildungszentren des National Park Service tätig ist, holt er das auch in dieser Zeit nicht nach: Über die Ergänzung von *Interpreting Our Heritage* durch das oben erwähnte Kapitel zur Schönheit hinaus bleibt der Text in den folgenden Auflagen seines Buches gänzlich unverändert.

All das mag zur Leichtigkeit der Lektüre beitragen. Wer sich im Bildungsbereich auf Tilden beruft und ernst genommen werden möchte, sollte diese Bezüge aber herstellen und auch (mittlerweile vorhandene) Forschungsergebnisse zu Tildens Schlussfolgerungen vorlegen können, die dieses Buch nicht enthält.

Es sei auch erwähnt, dass in *Interpreting Our Heritage* zwar mehr als 70 Männer gewürdigt werden, aber lediglich drei Frauen Erwähnung finden: Elisabeth I., Jeanne d'Arc und Katharina von Medici. Schon zu Tildens Zeiten waren aber im Umfeld der Nationalparks und der Museen Frauen erfolgreich tätig, deren Engagement Tilden zur Sprache hätte bringen können.

Tilden hat selten den Anspruch, ins Detail zu gehen und letzte Fragen zu beantworten. Seinem Werk wohnt eine gewisse Gelassenheit inne, die vielleicht auch etwas dem Lebensalter des Autors geschuldet ist.

Europäische Initiativen aus dem deutschsprachigen Raum

1975 wird die *Society for the Interpretation of Britain's Heritage* als erster Interpretationsverband in Europa gegründet. Zu diesem Zeitpunkt ist die Verwendung von Interpretation als Konzept in Deutschland, Österreich und der Schweiz noch nicht nachweisbar. Der Journalist Horst Stern schreibt 1978: »Im deutschen Sprachraum steht dem nichts auch nur annähernd Vergleichbares gegenüber. Es gibt dafür noch nicht einmal ein den vollen Inhalt wiedergebendes deutsches Wort.«

Die Initiativen, das zu ändern, bleiben auch in den beiden folgenden Jahrzehnten durchaus überschaubar. Gerhard Trommer überträgt Erfahrungen mit Interpretation aus dem Yosemite-Nationalpark in den späteren Nationalpark Harz: 1985 startet dort die »Rucksackschule« als auf zwei Jahre befristetes Projekt. 1990 schlägt Willfried Janßen vor, das Konzept im Nationalpark Schleswig-Holsteinisches Wattenmeer anzuwenden und definiert unterschiedliche Interpretationsfelder. Als erstes Unternehmen für Natur- und Kulturinterpretation im deutschsprachigen Raum wird 1993 im Nationalpark Sächsische Schweiz das Bildungswerk interpretation gegründet. 1995 scheitert die Initiative, einen deutschen Verband für Natur- und Kulturinterpretation ins Leben zu rufen. Umso erstaunlicher ist es, dass Ende des 20. Jahrhunderts gleich zwei EU-Projekte von Deutschland ausgehen, deren Ziel es ist, Interpretation in ganz Europa zu etablieren.

Zum einen ist da das LEADER-Projekt *Transinterpret*, das von der Universität Freiburg koordiniert wird und im Jahr 2000 zur Gründung des Netzwerks »Interpret Europe« führt. Die entscheidenden Impulse dafür gibt Patrick Lehnes, der 2010 auch die Weiterentwicklung von Interpret Europe zum Europäischen Verband für Natur- und Kulturinterpretation in die Wege leitet, und der diesem Verband in der Folge fünf Jahre lang vorsteht.

Zum anderen ist das Leonardo-Projekt *TOPAS – Training of Protected Area Staff* zu nennen, in dessen Rahmen ein europäischer Grundlagenkurs zur Interpretation entwickelt wird. Dieser Kurs wird zum Ausgangspunkt des deutschen Projektes *ParcInterp*, innerhalb dessen von Europarc Deutschland, dem Bundesverband Naturwacht und der Arbeitsgemeinschaft Natur- und Umweltbildung (ANU) Qualitätsstandards für Interpretation vereinbart werden. *ParcInterp* wiederum bildet die Grundlage für das europäische Projekt *HeriQ – Quality in Heritage Interpretation*, das schließlich zum Impulsgeber für das europaweite Trainingsprogramm von Interpret Europe wird.

Interpret Europe hat mittlerweile Mitglieder in mehr als 40 Ländern und die Erwartungen, die der Natur- und Kulturinterpretation auf europäischer Ebene entgegengebracht werden, sind groß. Tibor Navracsics, EU-Kommissar für Bildung, Kultur, Jugend und Sport, schreibt: »Ich glaube, durch Interpretation kann unser Erbe zur Entwicklung von Gemeinschaft beitragen, nicht nur auf lokaler, sondern auch auf nationaler und auf europäischer Ebene. Sich seinem Erbe anzunähern, heißt auch, sich einander anzunähern, und das ist ein wichtiger Schritt auf dem Weg zu einer integrativeren Gesellschaft.«

In seinen letzten Schriften hat Freeman Tilden auf die Verantwortung hingewiesen, die Natur- und Kulturinterpretation in Bezug auf den Umgang mit den Grenzen des Wachstums hat. Dass Interpretation in unserer Zeit auch zugetraut wird, zum Zusammenhalt der Gesellschaft beizutragen, ist eine Vorstellung, die ihm sicher gefallen hätte.

Thorsten Ludwig

Geschäftsführender Vorsitzender
Interpret Europe

Erster Teil

Ich habe sorgfältig darauf geachtet,
mich so volkstümlich wie möglich auszudrücken;
oft auf die Gefahr hin, gewöhnlich und vulgär genannt zu werden.
Untergehende Völker verlieren ihre Sprache,
und dieser Verlust geht immer dem der Freiheit voraus …
Alle guten Schriftsteller haben viel umgangssprachliche Wendungen benutzt;
sie sind das Lebendige, der Geist der Sprache.
Keiner von ihnen hat jemals die Befürchtung gehegt,
dass sie das Starke verwässern, das Erhabene erniedrigen könnten …
Wenn ich zum Volk spreche,
benutze ich seine Ausdrucksweise.

DEMOSTHENES ZU EUBULIDES,
WALTER SAVAGE LANDOR, »IMAGINARY CONVERSATIONS«

1

Grundsätze der Interpretation

Das Wort »Interpretation« wird in diesem Buch für eine Tätigkeit verwendet, die erst vor so kurzer Zeit Einzug in unsere Kultur gehalten hat, dass die Suche nach einer brauchbaren Definition im Lexikon vergeblich bleibt. In einigen speziellen Bedeutungsvarianten wird dieses Wort heute immerhin verwendet: Interpretation als Deutung wissenschaftlicher Befunde, als Versuch, den Sinn eines Gedichts zu ergründen oder auch dafür, wie ein Musiker das Werk eines Komponisten darbietet.

Nun besuchen jedes Jahr Millionen von Amerikanern unsere Nationalparks und -denkmäler, Schutzgebiete der Bundesstaaten und Gemeinden, historische Schlachtfelder, öffentliche und private historische Bauten, Museen aller Art – alles Teile einer groß angelegten Kultur des Bewahrens von Schätzen und Nationalheiligtümern, die unser Natur- und Kulturerbe verkörpern und uns seine Geschichte nahebringen können.

An den meisten dieser Orte wird der Besucher – wenn er sich darauf einlässt – mit einer Art fakultativem Unterricht konfrontiert, der in mancher Hinsicht dem in den Schulen überlegen ist, weil uns hier die Dinge – Naturwunder oder Menschenwerk – tatsächlich begegnen. »Der Besuch einer historischen Stätte vermittelt eine Vorstellung, wie man sie aus keinem Buch bekommt«, lautet ein Zitat. Und am Rande des Grand Canyon zu stehen, ist ganz sicher um vieles erhebender und inspirierender als jede Beschreibung dieser kolossalen Schlucht.

Tausende von Naturforschern, Historikern, Archäologen und anderen Fachleuten sind als Hüter unserer Schätze damit befasst, den Besuchern, die es wünschen, etwas von der Schönheit und dem Zauber, der Anregung und dem Geist zu enthüllen, die hinter dem liegen, was wir mit unseren Sinnen wahrnehmen. Indem sie das tun, betreiben sie Interpretation.

Es hat selbst unter denen, die diesen neueren Bildungsansatz vertreten, Einwände gegen die Verwendung des Begriffs »Interpretation« gegeben: wegen der Gefahr von Missverständnissen aufgrund widerstreitender Definitionen des Wortes oder weil man glaubte, dies wäre eine anmaßende Bezeichnung für eine ganz simple Tätigkeit. Ich selbst teile diese Einwände nicht. Ich kenne bis heute keine treffendere Beschreibung dessen, was wir als Mittler der Natur und unseres kulturellen Erbes im National Park Service und ähnlich arbeitenden Institutionen zu tun versuchen.

Doch während nun solche Bildungsarbeit ausgeübt wird, als Wissenschaft, Kunst oder von beidem etwas, befindet sie sich in einer seltsamen Lage: Interpretation findet statt – sehr gut, befriedigend, ausreichend oder ungenügend –, aber sie hat kaum mehr als einen vagen Bezug zu irgendeiner Theorie, auf die sie sich stützen könnte.

Ich habe einige ausgezeichnete Interpretationen gehört – in den vom National Park Service betreuten Gebieten, aber auch an viel unbedeutenderen Orten – und durch Befragung herausgefunden, dass die Interpreten sich keiner theoretischen Grundlagen bewusst waren, sondern lediglich ihren Eingebungen folgten.

Ich glaube tatsächlich, dass dies die beste Lösung sein könnte, wenn die Welt von genügend echter Inspiration durchdrungen wäre. Aber so sehr sind wir nicht mit Geist überhäuft. Es reicht aus, einem der schlechteren Interpretationsversuche beizuwohnen, um sich von Herzen zu wünschen, dass es vermittelbare Grundlagen, vielleicht auch Schulen für Interpretation gäbe.

Dieses Buch verdankt seine Entstehung einer Untersuchung des Interpretierens in den vielen verschiedenen Kulturstätten und Schutzgebieten, wie ich sie oben erwähnte, und der Frage, ob es eine solche Theorie gibt, ob man Grundsätze formulieren kann, mit denen der Interpret sichergeht, seine Arbeit hinlänglich gut zu machen, auch wenn ihm die Inspiration vielleicht fehlt.

Interpreten hat es von Anbeginn der menschlichen Kultur gegeben. Alle großen Lehrmeister waren auch Interpreten. Nur haben sie kaum jemals selbst einen Begriff davon gehabt: Für sie war Interpretation etwas Persönliches, ihren Lehren Innewohnendes.

Harry Emerson Fosdick offenbart uns, wenn er in seiner Predigt *Eine Weihnachtsbotschaft* über Jesus spricht, was ich ein echtes Verständnis für die höhere Bedeutung des Wortes »Interpret« nennen möchte: »Es gibt zwei Arten von Größe. Die eine liegt im Genius des Titanen, der ... den Gang der Geschichte verändert. Die andere kommt aus dem Geist des Aufklärers, der – Mann oder Frau – etwas Allgegenwärtiges aufdeckt, das immer schon da war, ohne dass die Menschheit es wusste. Die Größe solcher Menschen liegt weniger in ihnen selbst als in dem, was sie *enthüllen* ... Das Allbekannte sichtbar zu machen, ist auf allen Gebieten die vornehmste Art der Größe.«

Hochschulabsolventen vergangener Jahrzehnte haben nicht ohne Grund mit solcher Verehrung und Zuneigung von einigen ihrer Lehrer gesprochen – Copeland und Charles Eliot Norton in Harvard, Hermon C. Bumpus von der Brown University, um nur drei von vielen zu nennen: Diese großen Geister durchdrangen instinktiv die Fassade bloßer Information und erkannten das Innerste, die Seele der Dinge. Von Dr. Bumpus sagte einer seiner Schüler: »Er genoss seinen Aufenthalt auf diesem Planeten, den er so reich an bestimmten Dingen fand, sichtlich ... und er mochte es, diese Dinge in neuem Licht zu zeigen ... Er vergaß nie, dass eine Darlegung sich gut *anfühlen* und eine Geschichte erzählen musste, und dass das fast genauso wichtig war wie ihre sachliche Richtigkeit.«

Eine Scheibe von einem Riesenmammutbaum zu nehmen und ihre Jahrringe mit einer Zeittafel der menschlichen Geschichte in Verbindung zu bringen, war die Idee eines Meisterinterpreten.

Weil Interpretation Wachstum bedeutet, das Nahrung braucht, soll gleich hier an einführender Stelle die Bedeutung sinnvoll ausgerichteter und kritischer Forschung als Nährstoff der Interpretation hervorgehoben werden. Edward P. Alexander von der Museumsstadt Colonial Williamsburg[1] schrieb in der Zeitschrift *Antiques*: »Kontinuierliche Forschung ist das Lebenselixier, das ein gutes Museum oder Schutzgebiet braucht. Historische Authentizität und korrekte Interpretation verlangen nach Fakten, die nur die Forschung liefern kann. Dafür gibt es keinen Ersatz, und kein Museum sollte ohne Forschung betrieben werden.«

Colonial Williamsburg selbst belegt diese Tatsache sehr anschaulich. Dank der Großzügigkeit von John Rockefeller können hier die fähigsten Wissenschaftler aller Fachgebiete ihr Können und ihren Geschmack unter Beweis stellen, indem sie einen Teil unserer frühen amerikanischen Geschichte detailgetreu und in großer Schönheit zum Leben erwecken.

Auch der National Park Service liefert, nicht nur vonseiten der Historiker, reichlich Beweise für die Richtigkeit der Aussage. Forschung ist es, die den Besuch des Crater Lake heute zu einem runden, auch geistig stimulierenden Erlebnis macht, indem sie dem ästhetischen Genuss das Wissen um die Naturkräfte hinzufügt, deren Zusammenspiel die Schönheit ringsumher geschaffen hat. Dass solches möglich ist, verdanken wir kontinuierlicher Forschung, denn die ursprüngliche Theorie über die Entstehung des Kraters war eine andere als heute. Es sind auch nicht Geologen allein, die hier am Werk waren; Wissenschaftler vieler anderer Disziplinen, unter ihnen auch Archäologen, haben dazu beigetragen, die Wahrheit zu enthüllen.

Die anregenden Besucherprogramme im Custis-Lee-Haus[2] in Arlington, Virginia, resultieren aus der akribischen Forschung von Historikern, die sich nicht mit Gemeinplätzen zufriedengaben, sondern in den Chroniken der Familien Custis und Lee eine Fülle häuslicher Details aufspürten und in ihr Konzept integrierten, sodass wir diese Menschen heute aus unserer Alltagserfahrung heraus begreifen können.

Fort Necessity, Wirkungsstätte des jungen George Washington, bot ein schiefes Bild, das alle oberflächlichen Untersuchungen und Vermutungen nicht geraderücken konnten: Man war bei der Rekonstruktion der Palisaden von falschen Annahmen ausgegangen. Erst die unermüdliche Arbeit eines Archäologen, der sich nicht entmutigen ließ und der Verwirrung trotzte, ließ ein authentisches Abbild dieses kleinen Grenzpostens entstehen.

Viele Jahre lang galt das Wüsten-Dickhornschaf im Gebiet des Death Valley National Monument als ausgestorben, zumindest glaubten das praktisch alle – außer den Schafen selbst. Bis der Forscher Ralph E. Welles in der brütenden Hitze des Wüstentals einen Sommer mit ihren Herden verbrachte, deren stattliche Größe heute niemand mehr bezweifelt. Das Dinosaur National Monument kommt mir in diesem Zusammenhang in den Sinn. Und in Jamestown, Virginia, führten Ausgrabungen in Vorbereitung der Ausstellung von 1957 dazu, dass ein lebendiges Bild der Einwohner entstand, die diese erste Niederlassung englischsprachiger Siedler bevölkerten.

Wie sachkundige Forschung eine gähnende Leere auszufüllen vermag, habe ich selbst in Fort Frederica,[3] Georgia, erfahren, und natürlich erinnere ich mich daran besonders lebhaft. Noch bevor sich Archäologen und Historiker im Verein an die Erforschung der Oglethorpe-Siedlung auf der Insel am Meer machten, habe ich mich dort einmal als Interpret versucht, zu einer Zeit, in der geschultes Personal knapp war. So bezaubernd diese alte Ruinenlandschaft mit ihren immergrünen Eichen vor der friedlichen Kulisse der Flussmündung auch ist: Ich brachte es nicht fertig, sie zum Leben zu erwecken. Die geschichtlichen Hintergründe waren mir gut bekannt, doch ich merkte, wie die Gedanken meiner Zuhörer abschweiften und sie sich fragten: »Wie war es damals wirklich?« Was man an baulichen Überbleibseln sah, war nicht überwältigend. Die Aufschüttungen mochten einmal Schutzwälle gewesen sein, aber man sah es ihnen kaum an.

Als ich wieder nach Frederica kam, um einigen Besuchergruppen seine Geschichte zu vermitteln, hatten Archäologen den Standort der

Hawkins-Davison-Häuser entdeckt. Welchen Unterschied ein paar Ziegel und freigelegte Mauerreste machen! Jetzt war es klar: Hier hatte eine Stadt gestanden, hatten Menschen gelebt.

Vor einigen Jahren, als ich im Jemez-Gebirge in New Mexico einen steilen Abhang erkletterte, sah ich versteinerte Seemuscheln verschiedener Arten in großer Menge über den Boden verstreut – in mehr als 2000 Metern Höhe! Ich war nicht im Mindesten verwundert über meine Entdeckung, fragte mich aber, was sich vorzeitliche Bewohner Amerikas bei diesem Anblick gedacht haben mochten. Ich wusste: Hier, wo ich stand, war einmal die Küste eines flachen Meeres gewesen, bevor sich das Land langsam gehoben hatte. Und woher wusste ich das? Aus einer Interpretation, die anscheinend zusammenhanglose Fakten zu einem schlüssigen Ganzen verknüpfte.

Um nun die anfangs beklagte Begriffslücke im Lexikon zu schließen, schlage ich vor, die Tätigkeit der Interpretation, wie sie vom National Park Service, von den Schutzgebietsverwaltungen der Bundesstaaten und Gemeinden, von Museen und ähnlichen kulturellen Einrichtungen verstanden wird, wie folgt zu definieren:

Interpretation ist Bildungsarbeit, die anstelle der bloßen Vermittlung von Faktenwissen darauf abzielt, Bedeutungen und Zusammenhänge anhand von Originalgegenständen, durch unmittelbare Erfahrung und mit veranschaulichenden Mitteln zu enthüllen.

Das ist – ich betone es – ein sprachlicher Ansatz, also einer, der versucht, Begriffe, so wie sie in Gebrauch sind oder einmal waren, zu umschreiben. Ein guter Interpret wird nicht bei einer solchen Definition stehen bleiben. Er muss sich der Wissenschaft bedienen und über abrufbares Wissen verfügen, aber vor allem vom Schein zur Wirklichkeit, von einem Teil zum Ganzen, von einer oberflächlichen zu einer tieferen Wahrheit vordringen.

Für den Interpreten selbst möchte ich deshalb zwei kurze Thesen zur Interpretation anbieten; eine zum Nachdenken, die andere für die

Arbeit in und mit der Öffentlichkeit. Zum Nachdenken: Interpretation ist das Enthüllen einer tieferen Wahrheit, wie sie hinter jeder Tatsachenbeschreibung zu finden ist.

Die andere These ist eher als eine Art Ermahnung zu verstehen: Interpretation soll die natürliche Neugier des Menschen in den Vordergrund stellen, um Geist und Seele zu bereichern.

Ich habe versucht, eine Definition zu finden, die der allgemeinen Zustimmung recht gewiss sein kann. Nur stellen uns solche Wortklaubereien selten ganz zufrieden: Die Sprachwissenschaft bietet uns Wörter als Synonyme an, die wir nicht für solche ansehen; eine Definition erscheint uns zu pauschal oder vernachlässigt gerade das, was uns wichtig erscheint. Was die oben genannten Thesen angeht, hoffe ich, dass der Interpret seine eigenen, zweifellos ebenso zutreffenden und hilfreichen besitzen wird. Wenn Einigkeit über die Grundsätze besteht, dann sind individuelle Note und eigene Schwerpunktsetzung kein Mangel, sondern Ausdruck wirklichen Verstehens.

Welches sind nun diese Grundsätze? Sechs scheinen mir ausreichend, um unser Gedankengebäude zu stützen, wobei die Zahl Sechs an sich nichts zu bedeuten hat. Der Leser wird vielleicht darauf aufmerksam werden, dass sich einige dieser Grundsätze überschneiden, und mag sogar zu der Ansicht kommen, dass es nur einen gibt, von dem sich alle anderen ableiten. Da andererseits das Feld, das ich beackere, zumindest im Hinblick auf veröffentlichte Grundlagenwerke noch ein ganz brachliegendes ist, könnte mancher Leser sich veranlasst fühlen, hier seine eigenen Furchen zu ziehen. Nur zu! Dieses Buch soll nicht einengen und nichts Endgültiges vorgeben. Wir befassen uns mit einer ganz neuen Art der Bildungsarbeit mit Gruppen, die auf dem gezielten Schutz und der bewussten Nutzung unserer Kulturgüter aufbaut. Nichts vom Ausmaß her Vergleichbares ist in älteren Kulturen und früheren Zeiten zu finden.

Ich glaube, dass das Bemühen um Interpretation, gleich ob schriftlich, mündlich oder mit technischen Hilfsmitteln, in die richtige Richtung zielt, wenn es auf diesen sechs Grundsätzen aufbaut. Qualitätsunterschiede aufgrund verschiedener Techniken und Persönlichkeiten der jeweiligen Interpreten sind dabei unvermeidlich, jedoch kann sich ein Buch wie dieses natürlicherweise nicht mit solchen Einflussfaktoren beschäftigen. Der National Park Service verfügt über ein umfangreiches Handbuch und eine Anzahl vortrefflicher Broschüren mit Regeln für das Verhalten des Interpreten vor Ort und für die Interpretation selbst.

Hier also die sechs Grundsätze:

1. *Interpretation bleibt fruchtlos, wenn sie das, was gezeigt oder beschrieben wird, nicht in irgendeiner Weise mit der Persönlichkeit oder Erfahrungswelt des Besuchers in Verbindung bringt.*

2. *Information an sich ist noch keine Interpretation. Interpretation ist Enthüllung. Sie beruht zwar auf Fakten und enthält Information. Beides sind aber ganz verschiedene Dinge.*

3. *Interpretation ist eine Kunst, die viele Fertigkeiten in sich vereint, gleich, ob sie sich mit Natur, Geschichte oder Architektur beschäftigt. Jede Kunst kann man bis zu einem gewissen Grad erlernen.*

4. *Interpretation soll vor allem anregen, nicht belehren.*

5. *Interpretation soll Ganzheiten vermitteln, keine Bruchstücke. Sie muss sich dem ganzen Menschen zuwenden, nicht nur einem Teil von ihm.*

6. *Interpretation für Kinder (etwa bis zum zwölften Lebensjahr) soll keine vereinfachte Form derjenigen für Erwachsene sein. Um erfolgreich zu sein, muss sie einem grundlegend anderen Ansatz folgen und sich eigener Programme bedienen.*

Ich werde in diesem Buch versuchen, jede verallgemeinernde Aussage ein- oder mehrmals zu illustrieren und mit Beispielen zu belegen. Nicht Ausdruck und Stil, sondern Klarheit und Kürze sind mir wichtig, wenngleich der Interpret nie vergessen sollte, dass »der Stil« eine unschätzbar wichtige Zutat der Interpretation ist. »Was ist Stil?«, wurde ein französischer Autor einmal gefragt. »Le style, c'est l'homme«, war die Antwort – Stil, das ist der Mensch selbst. Stil ist, was den Interpreten ausmacht. Wie kann er dieses Etwas weitergeben? Es entsteht aus Liebe. Wir werden uns später noch kurz der Liebe widmen. Ich führe sie hier nicht als Grundsatz auf, denn sie ist kein Grundsatz, sondern ein Gefühl.

2

Was der Besucher braucht

Während wir lesen, müssen wir zu Griechen, Römern, Türken, Priestern, Königen, Märtyrern und Henkern werden und diese Bilder an etwas in den geheimen Tiefen unserer Selbsterfahrung festmachen.

RALPH WALDO EMERSON

Interpretation bleibt fruchtlos, wenn sie das, was gezeigt oder beschrieben wird, nicht in irgendeiner Weise mit der Persönlichkeit oder Erfahrungswelt des Besuchers in Verbindung bringt.

Warum besuchen die Menschen Naturparks, Museen, historische Bauwerke und andere schützenswerte Orte? Eine Untersuchung der Beweggründe gäbe einen faszinierenden Einblick in die menschliche Psyche; allein, wir wollen sie uns sparen. Jeder Interpret weiß aus Erfahrung, dass die Gründe so zahlreich und vielgestaltig sind, dass man Seiten mit ihrer bloßen Aufzählung füllen könnte.

Also: Warum auch immer die Besucher kommen, wir wollen annehmen, dass sie da sind, und mein erster Grundsatz der Interpretation ist aus der Frage heraus entstanden: Wenn die Besucher nun einmal da sind, was erwarten sie von uns, was werden sie sogar zwangsläufig von uns verlangen? Die Antwort ist: Sie möchten berührt werden, in ihrer Persönlichkeit, mit all ihren Erfahrungen und Idealen.

Der erwachsene Zuhörer oder Leser einer Interpretation hat im Allgemeinen keine übermäßige Ehrfurcht vor dem Interpreten. Er weiß, dass der Interpret über Fachwissen verfügt, das ihm selbst fehlt, und respektiert dieses Wissen und seinen Träger, besonders, wenn dieser in Uniform auftritt; nicht mehr und nicht weniger. Aber er hat durchaus auch seinen Stolz – nennen wir es ruhig Eitelkeit –, und wir können annehmen, dass er sich nicht für dümmer hält als seinen Gesprächspartner. Er möchte eigentlich, dass der Interpret weniger *zu* ihm, sondern vielmehr *mit* ihm spricht. Beide wissen, dass das nicht ohne Weiteres geht. Eine Interpretation ist ja keine Plauderrunde. Also müssen wir versuchen, etwas Ähnliches auf Umwegen zu erreichen. Wir werden gleich sehen, dass es solche indirekten Wege durchaus gibt.

Ich hatte oben angedeutet, dass der Besucher etwas erwartet, das ihn persönlich betrifft. Das ist bei Erwachsenen nicht zu verwechseln mit Egoismus im herkömmlichen Sinn. Beides sind verschiedene Dinge, die nicht unbedingt viel miteinander zu tun haben.

In seinem Buch *The Making of Citizens* betont Professor C. E. Merriam den Drang des Menschen, sich auf seine Vorgeschichte zu beziehen:

Dahinter steckt natürlich die Idee einer Gemeinschaft der Lebenden, Toten und noch Ungeborenen. Der Einzelne, der sich als Mitglied dieser Gemeinschaft sieht – und sich glücklich schätzen darf, dazuzugehören –, ist allein dadurch kein Unbedeutender mehr. Er hat seinen Anteil an allen Siegen seiner Gruppe. Die Großen, die die Gemeinschaft hervorgebracht hat, sind seine Gefährten. Er nimmt teil an den Sorgen seiner Gruppe; ihre Hoffnungen und Träume, verwirklicht oder gescheitert, sind seine. Und diese Zugehörigkeit verleiht ihm Größe, wie gering er sonst auch sein mag. Sie bringt etwas Erhabenes in sein Leben, das er ansonsten kaum jemals hoffen dürfte zu besitzen. Sie adelt ihn und erhebt ihn über sich selbst hinaus in die Welt seiner großen Vorfahren, wo er zu Hause ist und ihr Ansehen genießt: Er ist einer von ihnen.

Ich habe die Interpreten, speziell die des National Park Service, einmal als »Vermittler des Glücks« bezeichnet. Natürlich ist es unmöglich, einen anderen Menschen glücklich zu machen. Wie Nicholas Chamfort sagt: »Le bonheur n'est pas une chose aisée. Il est très difficile de le trouver dans nous, et impossible de la trouver ailleurs« – Glück ist keine leichte Angelegenheit. Es in uns zu finden, ist schwer, es woanders zu finden unmöglich. Weder die urtümliche Schönheit eines Nationalparks noch die Ausführungen des Interpreten können jemanden glücklich machen. Glücklich vereint können sie aber im Idealfall einen Nährboden bieten, auf dem die bei vielen verkümmerte Fähigkeit zum Glücklichsein wachsen kann.

Allgemein könnte man sagen: Gewissheiten befördern das Wohlbefinden, Ungewissheit hat Unbehagen und seelische Verarmung zur Folge. Alle Menschen suchen, bewusst oder unbewusst, nach einem Platz in Natur und Kultur – auch in fremden Kulturen. Ursprüngliche Wildnis, unverbaute Küsten, Grabungsstätten, historische Schlachtfelder, zoologische und botanische Gärten sind genau die Orte, an denen diese Suche am erfolgversprechendsten ist.

Selbst wenn also unser Besucher nicht genau weiß, was ihn hergebracht hat: Er ist aufnahmebereit, aus genau diesem Grund. Diese Aufnahmebereitschaft zu nutzen, auch wenn sie nur flüchtig und oberflächlich sein mag, ist Aufgabe des Interpreten.

Der Besucher lässt sich auf uns nur ein, wenn er das, was wir sagen, auf seine Erfahrung, seine Gedanken und Hoffnungen, sein persönliches und gesellschaftliches Umfeld oder etwas Ähnliches beziehen kann. Wenn unsere Enthüllungen sein Ego nicht ansprechen (das Wort ist hier nicht negativ gemeint), mag er physisch anwesend sein, aber er wird uns nicht folgen.

John Merriam spricht vom »gewissen Etwas, das einen Vortrag menschlich bedeutungsvoll macht«. Ein jeder von uns, wenn er einen Roman liest oder ein Schauspiel sieht, vergleicht unwillkürlich die Handelnden mit sich selbst: Wie würde ich mich in dieser Situation fühlen, wie würde ich auftreten?

Interpreten, die in Museen arbeiten, haben selten direkten Kontakt zum Publikum. Sie können ihm nur Nachrichten hinterlassen, meist in Form von Beschriftungen. Die meisten von uns kennen Dr. Brown Goodes Spruch vom Museum als »säuberlich arrangierter Sammlung von Schildern, deren Text durch Exponate veranschaulicht wird«. Das ist sicher eine bewusste Übertreibung, aber wahr ist: Beschriftungen können elektrisieren oder kaltlassen. Ein Schild kann dem Besucher ein Licht aufgehen und ihn spüren lassen, was das Gezeigte mit ihm zu tun hat. Zwei gute Beispiele gibt das Witte Museum in San Antonio, Texas. Dort ist in einer großen Vitrine das Skelett eines Mammuts ausgestellt und mit den Worten versehen: »Noch vor wenigen Tausend Jahren gab es in Texas urzeitliche Mammuts, die in großen Herden über das Land zogen … Hier, wo Sie stehen, haben wahrscheinlich Mammuts geweidet.«

Hier, wo *Sie* stehen. Wenn man das liest, sind die Mammuts keine vorzeitlichen, exotischen Wesen mehr, sondern zum Greifen nah. Eine zweite Perle aus diesem Museum, diesmal an einer Vitrine mit Nutzpflanzen der westtexanischen Indianer (Sotol, Bärengras, Lechuguilla-Agaven, Devil's Shoestring): »Brauchen Sie einen Wassereimer? Ein Paar Schuhe? Eine Decke, eine Fußmatte oder etwas Strick? Wenn ja, hier ist das Material dafür.«

Wer diese Beschriftung liest und die Pflanzen dazu sieht, ist kein Außenstehender mehr. Er hat dieselben Bedürfnisse wie die Ureinwohner, und er hätte sie sich damals genauso erfüllt. Er wird ihr Nachbar und Tischgenosse. Gewiss sollte die direkte Anrede nicht übertrieben werden, das kann leicht aufdringlich wirken. Man kann dasselbe Ziel genauso gut mit vielen anderen Mitteln erreichen. Wenn uns aber schon eine gute Beschriftung Pflanzen verwandt und vertraut macht, was kann erst der Interpret in direktem Kontakt zum Publikum bewirken?

Ein glückliches Beispiel für die Verbindung eines Gegenstands mit der Erfahrungswelt des Besuchers findet sich im Roosevelt-Haus in Hyde Park, New York. In Franklin Delano Roosevelts Geburtszimmer haben clevere Interpreten ein kleines, aber eindringliches Alltagsstück in Szene gesetzt. Man hätte dort ein Schild mit der Aufschrift »Hier wurde Präsident Roosevelt geboren« anbringen können. Das wäre korrekt, und dem Interpreten, der eine Gruppe begleitet, stünde es frei, diese Tatsache auszuschmücken, wie es ihm beliebt. Aber hier hatte jemand eine Eingebung: Zu sehen ist eine Reproduktion des Telegramms, das James Roosevelt, der glückliche Vater, an einen Freund sandte und das die Ankunft eines »strammen Knaben von 9½ Pfund heute Morgen in Hyde Park« bekundet. Etwas Ähnliches hätte jeder von uns getan, und das macht uns nicht nur die Roosevelts, sondern das ganze Haus und Umfeld sogleich verwandt.

Denn, ich wiederhole es: Der Besucher sieht die Dinge letztlich mit seinen eigenen Augen, nicht mit denen des Interpreten, und er übersetzt unbeirrbar alles, was wir sagen, *so gut er kann* in die Sprache seiner Gedanken- und Erfahrungswelt. Ich habe »so gut er kann« hervorgehoben, um deutlich zu machen, dass es unsere Aufgabe ist, ihm diese Übersetzung zu erleichtern. Wörter wie »Dendrochronologie«, »Fotosynthese« und »Avifauna« sind da nicht nur wenig hilfreich, sie erschlagen den Besucher. Wenn wir die Zeit hätten, könnten wir einigen Leuten sicher verständlich machen, wie anschaulich manche dieser Fachausdrücke eigentlich sind; ich glaube jedoch, dass unsere Aufgaben als Interpreten auch so schon schwierig genug sind.

Fast alles, was über menschliches Tun heute und in der Vorzeit, in Krieg und Frieden gesagt werden kann, ist geeignet, beim Hörer die Fragen hervorzurufen: »Wie hätte *ich* unter solchen Umständen gehandelt? Wie wäre es *mir* ergangen?« Nehmen wir einen Besuch in der Custis-Lee-Villa, nur wenige Minuten von Washington entfernt auf der anderen Seite des Potomac. Robert E. Lee wohnte nur kurze Zeit in diesem Haus. Aber hier spielte die tragische Szene, in der er sich entscheiden musste: für die Vereinigten Staaten und ihre Armee, die er liebte und denen er lange gedient hatte, oder für sein Heimatland Virginia. Was sollte er tun? Was, unter Würdigung aller Umstände, hätte der Besucher getan?

Vielleicht ist es nicht übertrieben zu sagen, dass die historische Interpretation fast immer (wenn auch gewiss nicht ausschließlich) dadurch wirkungsvoll ist, dass sie die Frage aufwirft: »Wie hätte *ich* mich unter ähnlichen Umständen verhalten?«

Ein anderes Beispiel: der Atlatl, die prähistorische Speerschleuder der Indianer des Südwestens. Kommen unsere Besucher selbst darauf, welches physikalische Prinzip man ausnutzen kann, um den menschlichen Arm zu verlängern? Nun, viele von ihnen haben als Kinder einen angespitzten Stock benutzt, um unreife Äpfel aufzuspießen und damit wegzuschleudern, viel weiter, als ihre bloßen Hände und Arme es vermocht hätten. Der Wurfstock ist ein Vorläufer der Speerschleuder.

Dr. Clark Wissler sagte einmal: »Der Besucher, der nach Mesa Verde kommt, hat im Allgemeinen keine Vorstellung vom prähistorischen Leben im Südwesten. Alles sieht fremd und ungewohnt aus.« Stellen wir uns nun vor, der Besucher käme zum Erntedankfest in ein indianisches Ruinendorf, nach einer typisch neuzeitlichen Thanksgiving-Mahlzeit, bei der Truthahn und Kürbiskuchen serviert wurden, vielleicht auch Maisbrot oder ein anderes Maisgericht. Nach Dr. John Corbett stammen mindestens sechzehn Zutaten unserer modernen Küche von indianischen Ureinwohnern. Das gibt dem Besucher sofort einen lebendigen Bezug zur Vergangenheit. Ein geübter Interpret wird sich von dieser Tatsache zu den Parallelen zwischen dem Alltag der Indianer und dem unseren vorarbeiten. Auch die vorzeitlichen Menschen haben gespielt, geliebt, gestritten, haben an etwas geglaubt und Schönes gekannt – kaum ein Unterschied zu uns. Das Fremde und Ungewohnte verschwindet, und schließlich sagt sich der Besucher: »Diese Leute waren eigentlich nicht viel anders als wir.«

Als krönenden Abschluss, zumindest für dieses Kapitel, möchte ich von einer phänomenalen Interpretation erzählen, die der große Biologe Thomas Henry Huxley einmal vorgetragen hat.

Huxley hielt seinerzeit Vorlesungen an verschiedenen englischen Abendschulen. Eine dieser Schulen war Norwich, und Huxley nannte seinen Vortrag »Ein Stück Kreide«. Er war in Aufbau und Stil so überragend, dass er zum Klassiker wurde und seinen Weg in zahlreiche Veröffentlichungen fand; aber wir wollen uns hier nicht mit dem Stil befassen, sondern nur mit der hervorragenden Interpretation. Huxleys erste Worte waren: »Wenn man sich ins Zentrum von Norwich begibt und dort einen Brunnen bohrt, stößt man bald auf eine weiße Substanz, die für Gestein ein wenig zu weich ist. Wir kennen sie alle als Kreide.«

Locker und ungezwungen, fast plaudernd – was für ein Anfang! Der Vortragende geht nicht damit hausieren, dass er eine internationale Größe der Wissenschaft ist. Das Publikum wird sofort in alles Kommende einbezogen, der Brunnen entsteht unter ihren Füßen, es ist *ihr* Brunnen, nicht irgendeiner in Ostpreußen. Und damit ist es auch ihre Kreide. Erst später kommt der Hinweis, dass sich das Kreideflöz fast 2000 Kilometer weit bis nach Mittelasien erstreckt.

»Ein großes Kapitel aus dem Geschichtsbuch der Menschheit ist in Kreide verewigt.« Hier wird die Fantasie angeregt, aber in Maßen. Und ein Treffer ins Schwarze: »Jeder Zimmermann in Norwich trägt ein Stück von dieser Kreide in der Hosentasche.«

»Die Sprache der Kreide ist nicht schwer, nicht annähernd so schwer wie Latein, wenn man sich mit den simpleren Dingen zufriedengibt, die sie erzählt.« *Sie erzählt*, wohlgemerkt. Nicht »ich erzähle euch jetzt etwas Wissenswertes«, sondern »die Kreide erzählt von sich«.

Und jetzt kommt der Clou: »Ich schlage vor, dass wir uns nun daranmachen, diese Erzählung zu entschlüsseln.« Von da an wird alles, was er seinen Zuhörern vorträgt (denen das meiste davon völlig neu ist), zu einer Entdeckung, die das Publikum selbst macht; er ist nur mehr eine Art Begleiter.

»Die Welt existiert«, schreibt Emerson, »damit wir von ihr lernen. Keine Epoche, keine Gesellschaftsordnung, keine Handlung in der Geschichte, die nicht ihre Entsprechung im Leben des Einzelnen hätte.«

3

Ausgangsstoff und Endprodukt

Die Tatsache, dass eine große Schlacht gewonnen oder verloren wurde, beeindruckt uns für sich genommen wenig ..., während die detaillierte Beschreibung eines viel unbedeutenderen Vorgangs gleichermaßen unsere Aufmerksamkeit zu fesseln und unsere Fantasie anzuregen vermag ... Das ist eine zeitlose Wahrheit, denn wir interessieren uns mehr für den Menschen an sich als für die Aufzählung seiner Taten.

SIR WALTER SCOTT,
EINLEITUNG ZU JEAN FROISSARTS *CHRONIQUES*

Information an sich ist noch keine Interpretation. Interpretation ist Enthüllung. Sie beruht zwar auf Fakten und enthält Information. Beides sind aber ganz verschiedene Dinge.

Der National Park Service gibt seinen Mitarbeitern eine ausführliche Dienstanweisung an die Hand, in der ein Abschnitt der »Information und Interpretation im Gelände« gewidmet ist. Eine Vorschrift zum Thema »Pressearbeit« im Zusammenhang mit Schutzgebieten lautet: »Schreiben Sie keine Leitartikel. Bleiben Sie bei den Tatsachen. Sie können aber Meinungsäußerungen von Personen wiedergeben, so weit sie für die beschriebenen Vorgänge von Belang sind.« Das klingt nach einer umsichtigen Handlungsempfehlung. Tatsächlich bedeutet es: Beschränken Sie sich auf die Fakten und vermeiden Sie jede Interpretation.

Ich möchte versuchen darzustellen, wie sich eine solche Empfehlung im Journalismus selbst auswirkt. Adolph Ochs, seinerzeit Herausgeber der *New York Times*, vertrat in Bezug auf den Stellenwert von Information und Interpretation in seinem Blatt eine Haltung, die man puristisch nennen könnte: Er hielt es für unangemessen, dass seine Reporter über die Tatsachen hinaus fabulierten, wenn gesicherte Tatsachen irgendwie zu erlangen waren. Die Interpretation der Nachrichten war für ihn Privileg des Leitartiklers. Nun kann ein Reporter, der ja auch nur ein Mensch ist, unmöglich jede persönliche Note aus seinem Text verbannen, selbst aus einer nüchternen Tatsachenbeschreibung nicht. Das aber war das Ideal der *Times* unter Adolph Ochs.

Bei der *New York Sun* wurde eine genau entgegengesetzte Ansicht vertreten: Die Herausgeber Dana und Laffan schickten ihre Reporter nicht nur vor Ort, sie ermutigten sie auch, im Interesse guter Lesbarkeit, eine *Story* aus den Fakten zu machen. Im Ergebnis war die *Sun*, die oft das Hausblatt des Journalisten genannt wurde, brillant, während die *Times* von Adolph Ochs in der Zunft der Schreibenden, auch wenn man sein Ideal respektierte, als farblos galt.

An der Berichterstattung über das große Erdbeben in San Francisco 1906 sieht man diese Unterschiede in der Herangehensweise recht genau. Die heimgesuchte Stadt war viele Stunden lang von der Außenwelt abgeschnitten. In solchen Fällen stützt sich die Berichterstattung immer auf Meinungen, Gerüchte und Indiskretionen (die oft selbst nur Gerüchte wiedergeben). Die *Times* bemühte sich redlich, ihrem journalistischen Ideal gerecht zu werden. Die *Sun* jedoch verfügte über einen genialen Reporter namens Will Irwin, der selbst aus San Francisco stammte. Seine »Berichterstattung« wurde ein Klassiker des Journalismus. Irwin hielt sich nicht mit Fakten auf; er wusste nur, dass seine geliebte Heimatstadt in Trümmern lag. Er und sein Bruder Wallace (ebenfalls ein Schreibender) kannten die sanften Nebelbänke, die sich an manchem Nachmittag in die Van Ness Avenue geschoben hatten; sie hatten die rauschenden Feste in den besten Zeiten des Poodle Dog[4] und das Highlife der Boheme miterlebt. Will Irwin goss das Wesen von San Francisco in eine mit Herzblut geschriebene Geschichte. Fremden, die die Stadt nie besucht hatten, war plötzlich, als hätten sie selbst an einem Laternenpfahl in der Market Street gelehnt und sich die Zeit in den malerischen Gassen des chinesischen Viertels um die Grant Avenue vertrieben. Sie sahen, hörten und fühlten, was Irwins Artikel ihnen zueignete – und trauerten über seinen Verlust. Das war Interpretation: das Wesen einer Stadt zu erfassen, tatsachengetreu, aber nicht von der Tatsache des Erdbebens diktiert. Ich kann mir gut vorstellen, dass Mr Ochs von der *Times* Irwins Meisterstück mit ebensoviel Bewunderung gelesen hat wie jeder andere, obwohl er etwas Ähnliches wahrscheinlich nicht gedruckt hätte. Für ihn war Information das eine und Interpretation das andere, und beides auf einmal gehörte sich nicht.

Es ist müßig, zu erwähnen, dass der Interpret auch Information liefern soll, dass seine Aufgabe manchmal sogar ausschließlich darin besteht; und andersherum, dass jemandem, der nur informieren will, die Worte so geraten können, dass sie schon eine Interpretation enthalten. Ein Hinweisschild, eine Beschriftung im Museum erfüllen oft beide Funktionen, schriftliche Publikationen fast immer. Wir müssen uns nur darüber im Klaren sein, dass es zwei verschiedene Funktionen sind, dass sich Information und Interpretation grundlegend voneinander unterscheiden.

Charles Darwin fuhr als junger Mann fünf Jahre lang auf einem britischen Kriegsschiff. Sein Bericht über diese Weltumsegelung wurde unter dem Titel *The Cruise of the Beagle* veröffentlicht und ist zu einem Klassiker populärwissenschaftlicher Literatur geworden, der in kaum einem Bücherschrank fehlt. Viele, die den *Ursprung der Arten* oder Darwins Schriften über Regenwürmer nur vom Hörensagen kennen, haben die *Reise der Beagle* verschlungen. Darwin zeigt in diesem Buch, dass

Naturwissenschaftler auch große Interpreten sein können, wenn sie ein Gespür dafür haben, wie man dem Durchschnittsbürger das Forschen und Entdecken, die wissenschaftliche Arbeit, begreiflich macht. Seine Beschreibung der heruntergekommenen[5] Ureinwohner Feuerlands ist von geradezu romanhafter Qualität.

Im Verlauf seiner Südamerika-Reise hielt sich Darwin auch in der Nähe der Stadt Uspallata in den Kordilleren auf. Topografie und Geologie des Gebiets werden streng sachlich beschrieben: »Es besteht aus verschiedenen Arten unterseeischer Lava, durchsetzt von vulkanischem Sandstein und anderen Sedimenten … Aus der Ähnlichkeit dieses Untergrunds mit den tertiären Schichten an der Pazifikküste schloss ich, dass es hier verkieseltes Holz geben müsste.« Er fand tatsächlich solches Holz: Tannen aus der Familie der Araukariengewächse, die eine gewisse Ähnlichkeit mit den heutigen Eiben aufwiesen.

Das ist zunächst nur eine fachliche Information, kaum geeignet, den Laien zu begeistern. Aber Darwin fährt fort:

Es brauchte nicht viel an geologischem Fachwissen, um die wundersame Geschichte zu interpretieren, die sich auf einmal vor meinen Augen enthüllte … Ich sah die stattliche Baumgruppe, die einst ihre Kronen am Ufer des Atlantiks ausgebreitet hatte, als dessen Wasser bis zum Fuß der Anden reichte.

Ich sah, dass sie vulkanischem Boden entsprungen war, der sich über den Meeresspiegel erhoben hatte, und dass dieser Boden späterhin mit den Bäumen darauf in den Tiefen des Ozeans versunken war. Dort unten in der Tiefe legten sich Sedimente über das Land und später enorme Schichten unterseeischer Lava …

Doch wiederum waren unterirdische Kräfte am Werk, und jetzt sah ich vor meinem inneren Auge, wie auf dem Grund des Ozeans eine Bergkette von fast 2000 Metern Höhe entstand … Gleichermaßen war die Gegengewalt tätig, die stets und ständig die Oberfläche des Landes abträgt: Zahlreiche breite Täler schnitten sich in die mächtigen Gesteinsschichten, und die Bäume, jetzt zu Silikatgestein geworden, ragten freigelegt aus dem vulkanischen Boden, der sich in Fels verwandelt hatte – an ebenjener Stelle, wo sie einst in vollem Grün ihre

Kronen gen Himmel gereckt hatten. Jetzt aber ist hier eine unwiederbringlich ausgetrocknete Wüste; nicht einmal Flechten halten sich auf den steinernen Abdrücken der ehemaligen Bäume.

Man mag einwenden, dass Darwins bildhafte Interpretation der Vorgänge immer noch einige Wörter enthält, die den meisten Lesern nicht vertraut sind, und das ist wahr. Aber bedenken wir, dass es sich um einen schriftlichen Aufsatz, keine Rede, handelt, und dass beim Lesen die Möglichkeit besteht, unbekannte Wörter nachzuschlagen, wenn das Interesse des Lesers geweckt ist. Mir scheint es auf jeden Fall ein großartiges Beispiel für Interpretation, das den Unterschied zwischen dem Vermitteln von Fakten und dem Interpretieren deutlich macht. Darwin selbst benutzt das Wort »interpretieren« und zeigt damit, dass er diese Dinge sehr wohl unterscheiden kann.

Robert F. Griggs von der Ohio State University, der 1915 und 1916 die Expeditionen zum Mount Katmai geleitet hatte, schrieb einen faszinierenden Artikel für die *National Geographic*; ein perfektes Beispiel dafür, wie ein begabter Interpret seinem Publikum das Fremde mit dem Vertrauten erklären kann.

Der Katmai war im Juni 1912 ausgebrochen und hatte schätzungsweise zwanzig Kubikkilometer Asche und Gestein in die Atmosphäre geschleudert – eine der furchtbarsten Eruptionen aller Zeiten. Mount Katmai war jedoch weit entfernt, die meisten Menschen kannten nicht einmal seinen Namen. Die Wirkung dieses Ausbruchs auf das umliegende Land zu schildern, hätte geheißen, dem Leser einen weißen, nahezu unbewohnten Fleck auf der Landkarte zu präsentieren. Aber Griggs gelang eine lebendige Veranschaulichung.

»Stellen Sie sich«, so schrieb er, »einen solchen Vulkanausbruch mitten in New York vor. Eine solche Katastrophe würde die gesamte Stadt und die umliegenden Kreise unter einer drei Meter dicken Ascheschicht begraben und der entsetzlichen Wirkung heißer Gase aussetzen. Die Dampfsäule wäre mehr als 250 Kilometer weit deutlich zu sehen … Philadelphia wäre von einem Viertelmeter grauer Asche bedeckt und würde sechzig Stunden lang in völligem Dunkel liegen. Über Washington und Baltimore wäre ein halber Zentimeter Asche gebreitet … Der Knall der Explosion wäre bis nach Atlanta und St. Louis zu hören. Noch in Denver, San Antonio und Jamaica würde man den Rauch bemerken.«

Dieses Mittel der Interpretation könnte uns, entsprechend eingesetzt, eine adäquate Vorstellung von der Größenordnung des Lavastroms vermitteln, der sich einst ins Columbia Basin im Staate Washington ergoss. Man nehme sozusagen diese Lava und lege sie östlich des Mississippi über die dicht besiedelten Industriegebiete. »So sähe es aus, wenn Gleiches hier und jetzt geschähe …«

Auch Mark Twain bewies in seinem Buch *Leben auf dem Mississippi*, dass er etwas von Interpretation verstand. Gleich im ersten Kapitel, nachdem Hernando de Sotos Entdeckung des Flusses im Jahre 1542 erwähnt wird, heißt es dort:

Zu sagen, dass de Soto den Fluss 1542 zu Gesicht bekam, hieße, eine Tatsache zu nennen, ohne sie zu interpretieren; etwa, als ob man einen Sonnenuntergang anhand astronomischer Messungen und wissenschaftlicher Klassifizierung des Farbspektrums beschreiben wollte – man hat die Fakten, aber man sieht nichts.

Die Angabe allein sagt wenig oder gar nichts aus, aber wenn man ein paar historische Daten und Fakten darum gruppiert, bekommt man Farbe und Perspektive … Zum Beispiel: Als der erste Weiße den Mississippi erblickte, war weniger als ein Vierteljahrhundert vergangen seit der Niederlage Franz I. von Frankreich in der Schlacht von Pavia, seit dem Tod von Raffael und Chevalier de Bayard … Katharina von Medici war eine junge Frau, Elisabeth I. von England ein Kind … Shakespeare war noch nicht geboren.

Es ist hier nicht der Platz, die ganze lange Passage aus Twains Buch wiederzugeben, aber man kann sagen: Mit jedem historischen Ereignis wird der Text bildhafter, wie es Twains Absicht war. Das Jahr 1542 hört auf, nur ein Kalenderdatum zu sein.

Information ist natürlich der Rohstoff der Interpretation. Der Informant kann selbst ein guter Interpret sein, wie die Zitate von Huxley,

Griggs und Twain belegen. Das heißt aber nur, dass manche Menschen diese Doppelrolle perfekt beherrschen. Man sollte von einem Wissenschaftler nicht erwarten, dass er in der Wissenschaft und in der Kunst gleichermaßen zu Hause ist. Die Arbeit des Interpreten beginnt dort, wo feststeht: Das sind die Tatsachen, so wie wir sie heute als gesichert annehmen.

Es gibt Fälle, in denen sich die Fachleute selbst nach langer Untersuchung nicht über die Tatsachen einig werden. »Was tun Sie als Interpret«, fragte mich Dr. Albert H. Schroeder eines Tages, »wenn zwei kompetente Archäologen aus einem Fundstück gegensätzliche Schlussfolgerungen ziehen?« Ich denke, dass jemand, der sich mit Interpretation im Sinne dieses Buches beschäftigt, in solchen Fällen auf eine Entscheidung von höherer Stelle warten muss. Wo anerkannte Autoritäten sich widersprechen, kann er aber durchaus beide Standpunkte vorstellen. Wenn die Angelegenheit von solch enormer Bedeutung ist, dass er darüber sprechen *muss*, wie im Fall der pleistozänen Inlandsvereisung, mag er auch freiheraus bekennen, dass niemand die genaue Antwort weiß. Bisweilen kann ein solches Eingeständnis den Zuhörer in seinem Vertrauen bestärken.

Im Acadia National Park ist der Besucher neben der landschaftlichen Schönheit des Kontrasts von Festland und See vor allem von den vielen Funden beeindruckt, die beweisen, dass das Land einst von einer dicken, langsam vorrückenden Eisschicht bedeckt war. Es gibt etliche Hypothesen über die Gründe dieser Vereisung in Nordamerika und Europa; keine ist für sich allein zufriedenstellend. Ein guter Interpret muss sich davon aber nicht abschrecken lassen. Vielmehr kann er den Besucher, nach einem freimütigen Bekenntnis, dass niemand die einzig wahre Ursache kennt, zu eigenem Nachdenken anregen. Wir alle mögen Ratespiele. Auch wenn der Besucher nicht streng wissenschaftlich vorgehen wird, kann solches Nachdenken seinen Horizont nur erweitern. Unter Blinden kann auch der Einäugige König werden.

Die Arbeit der Fachleute – Historiker, Naturwissenschaftler, Archäologen – ist also der Ausgangspunkt. Ohne sie kommt Interpretation nicht aus. Manchmal aber begegnet man bei den Spezialisten einem gewissen Unverständnis dafür, dass die Öffentlichkeit nicht genug Interesse an ihren Erkenntnissen zeigt, und sie folgern daraus, dass der Durchschnittsmensch ein wenig beschränkt sei. Das Gegenteil ist der Fall. Es ist ein Zeichen natürlicher Intelligenz, sein Gehirn nicht mit unverdaulichen Fakten zu belasten. »Wenn eine Wissenschaft jahrhundertelang betrieben wurde und der Allgemeinheit immer noch verschlossen bleibt«, schrieb der große englische Mediziner James Garth Wilkinson, »kann man davon ausgehen, dass ihre Erkenntnisse nicht gut oder nicht umfassend genug sind, und dass etwas Tiefgründigeres gefragt ist. Wenn es den Mann auf der Straße nicht interessiert, ist das der beste Beweis dafür.«

Das »etwas Tiefgründigere« ist die künstlerische Verarbeitung als Analogie, Parabel, Bild oder Metapher – etwas, das »die Dinge verwurzelt und lebendig macht«, wie es Wilkinson ausdrückte. In unserem Fall heißt die künstlerische Verarbeitung Interpretation.

Unter den amerikanischen Nationalparks und historischen Stätten gibt es viele, die geeignet sind, dem Besucher zumindest einen vagen Eindruck der Mühen und Opfer, der Klugheit und der Konflikte zu vermitteln, die unsere Geschichte begleitet haben. Nehmen wir zum Beispiel die vielen Schauplätze des Bürgerkriegs. In den fünfzig Jahren nach dem Ende dieses großen Brudermords waren die Veteranen und ihre Kinder, wenn sie die Orte des blutigen Gemetzels besuchten, vor allem an Fakten interessiert: Wo hatte Papas Regiment gestanden, auf welcher Straße war man vorgerückt oder zurückgewichen? In der Erinnerung daran lag der Reiz der Gedenkstätten. Natürlich war unter den damaligen Umständen die Wiedergabe des Geschehens oft schon eine Art von Interpretation.

Inzwischen liegt der Ausbruch des Krieges fast hundert Jahre zurück.[6] Heutige Besucher interessieren sich immer weniger für die militärischen Details, eher für die große Geschichte und Tragödie: Warum haben Menschen so etwas getan? Wie würde ich mich unter solchen Umständen verhalten, und was bedeutet der Bürgerkrieg für mich?

Es gibt Ausnahmen von dieser verallgemeinernden Aussage. Historiker, die an solchen Stätten arbeiten, müssen das Faktenwissen genauso beherrschen wie die Interpretation. Die vielen Diskussionsgruppen von Amateurhistorikern[7] verlangen konkrete Informationen zu einzelnen Kampfhandlungen, ebenso Studenten, die eine Belegarbeit schreiben, oder Schüler, die beispielsweise kommen, um etwas über die Rolle einzelner Staaten oder Gemeinden im Bürgerkrieg zu erfahren. Jedoch sind dies Ausnahmen, und dann haben wir es natürlich nicht mit Interpretation zu tun. Der Historiker Jacques Barzun hat ebenso kühn wie treffend formuliert:

Selbst der gleichgültigste, beschränkteste und ungebildetste Zeitgenosse ist empfänglich für bestimmte Ideen, die Geschichte seines Landes betreffend. Lincolns Blockhütte steht für den Heldenmut der Pioniere des Westens oder dafür, dass niedrige Geburt den Weg ins höchste Amt nicht versperrt … Einem Franzosen muss man nicht erklären, wer Jeanne d'Arc war. Die Verwicklungen ihres Lebenslaufs, die Details ihrer Verurteilung und ihres Todes verblassen vor dem großen Bild der Patriotin, Heiligen und Kämpferin für den König.

»Der Historiker vergisst seine Pflicht«, fährt Barzun fort, »wenn er eine geschichtliche Frage behandelt und für gelöst erklärt, obwohl er nur in der Vergangenheit gewühlt und seine Fundstücke ausgestellt hat … Geschichtswissenschaft ist nicht äußerlich, sondern innerlich anzuwenden: Interessant ist nicht, was wir mit der Geschichte tun, sondern was sie mit uns macht.«

Schließlich möchte ich aus dem Vorwort von B. H. Liddell Hart zu seinem Buch über General William Tecumseh Sherman zitieren:

Wer die herkömmliche historische und biografische Literatur gewohnt ist, wird vielleicht von der Beschreibung der Kämpfe enttäuscht sein, die sehr nüchtern gehalten ist und nur selten ins Detail geht …

Bataillone und Geschütze aufzustellen und vorrücken zu lassen, ist etwas für Antiquitätensammler und mehr noch für Antiquitätenfälscher … Dieses

Buch handelt vom Leben, nicht vom Stillleben. Ich befasse mich mit der menschlichen Psyche, nicht mit dem Sattlerhandwerk.

Auch wenn ich mich dem vorlauten Ton dieser Worte nicht anschließen möchte: Sie sind nicht nur gerechtfertigt, sie bringen es auf den Punkt, dass sich nämlich gute Interpretation nicht mit Details aufhält, sondern ein historisches – und ich würde auch sagen: spirituelles – Ganzes präsentiert.

4

Erzähler sind gefragt

Der Lehrer warf sich aufs Sofa und jammerte: »Ich bin eine Niete.«
»Du bist niedergeschlagen, mein Lieber«, entgegnete seine Frau sanft. »Das geht vorbei. Warum solltest du eine Niete sein?«
»Es ist nicht erst seit gestern. Das geht schon eine Weile so. Seit Monaten hängen die Schüler an meinen Lippen, egal, was ich Ihnen erzähle.«
Die Augen der Frau begannen zu leuchten. »Ich habe es immer gewusst«, rief sie, »du bist ein Dichter! Wie froh ich bin, dass du es endlich begriffen hast. Jetzt können wir glücklich zusammen verhungern!«

PEDRO SARRACHACA, ***EL PEDAGOGO VASCONGADO***

**Interpretation ist eine Kunst,
die viele Fertigkeiten in sich vereint, gleich, ob sie sich mit Natur, Geschichte oder Architektur beschäftigt.
Jede Kunst kann man bis zu einem gewissen Grad erlernen.**

Früher oder später muss sich jeder Interpret entscheiden, ob er Naturwissenschaft oder Kunst betreibt. Interpretation ist entweder das eine oder das andere; beides gleichzeitig kann sie nicht sein. Wenn sie eine Kunst ist, dann kann sie aus dem ganzen großen Fundus der Wissenschaften schöpfen. Wenn sie aber eine Wissenschaft ist, darf sie die »verlockende Sorglosigkeit des Schöngeistigen« nicht dulden. Über den Physiker Albert Michelson sagte Dr. John Merriam: »Sein Schicksal war es, Wissenschaftler zu sein; sonst wäre er ein großer Künstler geworden.« Dass sich Michelson für das eine entschied und das andere sein ließ, zeigt schon, dass beides in der Praxis nicht vereinbar ist.

Ich glaube, es war Alfred Whitehead, der Bildung als »schöpferische Verarbeitung von Wissen« bezeichnete. Wissenschaftler können nicht auf dieselbe Weise erfinderisch mit den Fakten umgehen, wie das ein Künstler tut, auch wenn die Großen der Wissenschaft meist eine blühende Fantasie besitzen. Wenn man also Bildung als Wissenschaft ansieht, kann der Erzieher das erwähnte Ideal nicht erreichen; er muss sich der Kunst zuwenden. Ein Lehrer der Mathematik muss darauf bestehen, dass zwei plus zwei vier ergibt. Herbert George Wells kam auf die Idee, dass es im wirklichen Leben keine Zwei gäbe. Die Wahrheit, sagte er, wäre, dass »zwei plus/minus ein bisschen und zwei plus/minus ein bisschen zusammen vier plusminus ein bisschen ergibt«. Aus ihm sprach der Künstler, der die Tatsachen schöpferisch verarbeitet. Ein Wirtschaftsprüfer wird aber darauf bestehen, dass der Buchhalter dieser Kunst entsagt, zumindest im Dienst.

Merriam forderte, »das Gegenständliche zur Grundlage der Bildung« zu machen, jedoch schöpferisch damit umzugehen. Schöpferischer Umgang bedeutet, dem Stoff eine Form zu geben. Heinrich Heine war sich dessen bewusst, als er über seine Landsleute klagte, dass sie »wegen der ehrlichen Genauigkeit, womit wir Alles und Alles hingeben wollen, nie daran denken können, das Einzelne auf eine schöne Weise zu geben«.[8]

Wenn Merriam von »Bildung« spricht, meint er etwas viel Umfassenderes als die Vermittlung von Wissen. Sein großes Ideal für die Nationalparks war es, die Gefühle der Besucher anzusprechen, ihre Sehnsucht nach tiefer gehendem Verständnis, ihre religiöse Ader, ihre Liebe zu schönen und wundersamen Dingen, ihr Bedürfnis nach körperlichem Wohlbefinden.

Ich kann meine Gedanken über die Natur nur schwer in Worte fassen. Wahrscheinlich geht es den meisten Menschen ähnlich. Entscheidend ist aber ... dass wir durch die Einbeziehung der Wissenschaft eine Vorstellung von der Beständigkeit der Naturgesetze bekommen, so als ob diese Beständigkeit Absicht der Natur wäre. Das macht uns die Natur – von der Ackerkrume über den Baum bis hin zum größten Berg – in gewissem Sinne verwandt. Ich glaube fast, dass die Dichter das von allen Menschen am besten erfasst haben.

Es ist inzwischen klar, wohin die Reise geht. Die Vorstellung von Interpretation, so wie ich das Wort gebrauche, als direkter Unterweisung ist nicht haltbar. Ich kann es also frei bekennen: Der Interpret muss sich der Kunst bedienen, und im besten Fall sollte er eine Art Dichter sein. Ich gebe zu, dass das ein wenig befremdlich klingt, und mancher Leser wird sicher mit Entsetzen fragen, was er damit anfangen soll: »Ich habe noch nie ein Gedicht geschrieben. Wie soll *ich* ein Künstler sein?«

Meine Antwort ist: Wir kennen uns selbst nicht gut genug. Die Vormundschaft nutzlosen Detailwissens hat uns derart frustriert, dass wir unsere angeborenen Fähigkeiten vergessen haben. In jedem von uns steckt ein Künstler und Dichter. Gewiss, die poetischen Höhenflüge eines John Keats oder die majestätischen Orgelklänge eines Thomas Hardy[9] wird nicht jeder meiner Leser erreichen; ich auch nicht. Aber jeder von uns kann die Welt mit den Augen des Dichters sehen, auch wenn uns seine Fabulierkunst fehlt. Wir können liebliche Saiten anschlagen, auch ohne Virtuosen zu sein.

Einmal unternahm ich eine lange Reise im Auto eines Geschäftsmannes. Schon nach einigen Stunden Fahrt kam mir die bittere Erkenntnis, dass wir beide einen Fehler gemacht hatten, uns zusammenzutun. Entweder war er ein niveauloser Langweiler oder ich eine intellektuelle Schlafmütze, oder auch beides. Nichts als abgedroschene Gemeinplätze konnte ich ihm entlocken. Es wurde immer schlimmer – ein Albtraum auf Rädern. Doch schließlich kamen wir ins westliche New England und sahen die Berkshire Hills in ihrem Frühlingskleid. Mein Begleiter war noch nie so weit im Osten gewesen. Plötzlich, an einem Hang, hielt er an und starrte eine Weile auf die in frischem Grün stehenden Blätter der Birken. Dann sagte er: »Gucken Sie, das sieht aus, als ob die Bäume den Hang hinunterlaufen, um ihre Füße im Fluss zu waschen.« Und ich begann bei diesen poetischen Worten zu sehen, was er sah. Inmitten des Stumpfsinns war ihm ein Satz, schön wie eine griechische Sage, gelungen.

Wäre jetzt eine Fee erschienen, es hätte mich nicht gewundert.

Also: Man weiß nie, welcher Kunstsinn in den Tiefen eines Menschen schlummert. Der Interpret, der sich der Kunst bedient, um aus seinem Stoff eine Geschichte zu machen, kann beruhigt sein: Die Menschen wissen Kunst zu schätzen und werden ihn verstehen.

Ich meine damit nicht, und ich bin mir sicher, dass man mich nicht missverstehen wird, dass der Interpret eine Art Bühnenclown sein soll, der Gedichte rezitiert, Dramen aufführt, Lobeshymnen anstimmt, den Tragöden oder Komiker gibt – das wäre völlig fehl am Platz, und ich kann mir nichts Schlimmeres in diesem Zusammenhang vorstellen, außer vielleicht einer Predigt über das Neue Testament. Was ich andeuten will, ist nur, dass der Interpret aus seinem eigenen Kunstsinn Form und Leben für seinen Stoff schöpfen und eine Geschichte erzählen soll, anstatt eine Inventarliste herunterzuleiern. Wir wissen aus der langen Tradition der Unterhaltungskunst, dass in einem langweiligen Stück stets auch ein langweiliges Publikum sitzt. Und obwohl wir das Wort »Unterhaltung« mit Vorsicht gebrauchen und nur in der niveauvollsten Art verstehen sollten, ist es doch eine Tatsache, dass unsere Besucher vorrangig Vergnügen und keine Belehrung suchen.

Die Verfasser der klassischen Mythen, schreibt G. K. Chesterton, beschworen Bilder als »Abenteuer der Einbildungskraft« herauf und »wussten ganz genau, dass jede Landschaft im Innersten eine Geschichte trägt und jede Geschichte einen Charakter«.

Wenn ich mir so sicher bin, dass das stimmt, dann deshalb, weil ich weiß, dass viele Interpreten des National Park Service von selbst darauf gekommen sind, mitunter noch vor mir. Vor einigen Jahren schrieb mir Harry C. Parker: »Manchmal glaube ich, dass Interpretation … mehr

Kunst als Wissenschaft ist.« – eine vorsichtige Andeutung, da er wohl fürchtete, missverstanden zu werden. Merrill Mattes wagt den Gedanken, dass man, um gut zu schreiben, »einen Sinn für literarische Verdichtung haben muss, wie ihn hauptsächlich Dichter und Werbetexter besitzen«. Letztlich ist »Verdichtung« nur eine andere Erscheinungsweise dessen, was wir Formgebung nennen: Ein Künstler befreit sein Werk schonungslos von allem, was nicht zum Kern der Geschichte beiträgt.

Inzwischen habe ich von verschiedenen Interpreten des National Park Service so viel Kluges über die Notwendigkeit des Erzählens gehört, dass ich mich immer wieder frage, warum sie dieser Überzeugung nicht auch in der Praxis folgen. Ich kann nur vermuten, dass sie nicht als intellektuelle Vordenker gehandelt werden wollen. Wenn sie aber bis jetzt noch nicht von der Richtigkeit ihrer Gedanken überzeugt waren, dann hoffe ich, dass meine Zustimmung ihnen so viel Mut macht wie die ihre mir.

Wahrscheinlich ist es so, dass Literaten beim Verfassen von Interpretationstexten, Schildern und Beschriftungen immer im Vorteil sind. Gleichzeitig läuft der Literat bisweilen Gefahr, sich von seinem Können und der Leidenschaft fürs Formulieren so mitreißen zu lassen, dass er nur den Kopf, nicht aber das Herz des Lesers erreicht. Ich stimme darum voll und ganz mit James W. Holland überein, wenn er sagt, dass manchmal auch Beamte und Angestellte, Techniker und Ranger, selbst Reinigungskräfte vorzügliche Texte schreiben können. Ebenso scheint mir J. C. Harringtons Meinung, dass »viele Mitarbeiter des National Park Service das auch könnten – wenn sie dürften und sich die Zeit nähmen« –, zumindest teilweise richtig. Für mich ist Interpretation eine Kunst, die man erlernen kann; es geht allerdings mitnichten darum, sich »Zeit zu nehmen«. Alle Zeit der Welt ist zu kurz, wenn man die Grundsätze nicht verstanden hat, und alle gute Absicht verpufft, wenn der Interpret nicht versteht, dass die richtige Form den Ausschlag gibt und dass der Griff in die erzieherische Mottenkiste jeden Urlauber vergrault.

In der Fachsprache gilt die Verwendung von Metaphern als problematisch, Gleichnisse sind tabu. Gelegentlich werden Analogien verwendet, aber nur, um Studenten so weit wie möglich zu verwirren. Nicht, dass der Fachmann auf seiner didaktisch beschränkten Umlaufbahn damit falsch läge. Wahrscheinlich liegt er richtig. Er muss aber verstehen, dass seine künstlerische Abstinenz ein Laienpublikum schneller aus dem Saal treibt als der Ruf »Feuer!«

Die sachgerechte und erfindungsreiche Verwendung genau derjenigen sprachlichen Mittel, die den Hörer oder Leser über die Fakten hinaus eines höheren geistigen Hintergrunds versichern, ist das A und O zufriedenstellender Interpretation. Jeder Interpret mag sich Garth Wilkinsons inbrünstige Worte einprägen: »Ich glaube nicht an das, was man die Exaktheit, Nüchternheit und Strenge der Wissenschaft nennt … Es ist so gut wie jedem klar, dass Metaphern das Schwert des Geistes sind. Die großen, universellen Wahrheiten etablieren sich dadurch, dass jemandem eine passende Metapher glückt, in der die Wahrheit eine Zeit lang zu wohnen vermag. Und wenn ein langer Streit endlich entschieden wird, dann immer dadurch, dass einer der Streitenden in den Besitz einer Metapher gerät, deren feurige Klinge die Insignien der Wahrheit trägt.«

Die King-James-Bibel, von vielen Meistern schlichten und eindringlichen Stils zum Vorbild erkoren, ist eine Fundgrube solcher »feurigen Klingen«. Abraham Lincolns *Gettysburg Address*[10] entspringt direkt seiner jugendlichen Begeisterung für dieses Meisterwerk der englischen Sprache. Angenommen, Lincoln hätte in Gettysburg eine Stunde lang mit Brillanz und Sachverstand über die Strategien von George Gordon Meade und Robert E. Lee referiert: Hätte man eine solche Rede in Bronze gegossen?

Der Leser kennt vielleicht die Situation, bei Freunden eingeladen zu sein, die in bester Absicht eine Geschichte auftischen, »die ihr unbedingt hören müsst. Das ist uns letzten August passiert, oder war es im September? Als wir in – wo waren wir noch mal, Emily? Nein, nicht dort, das war ein anderer Urlaub.« Die Geschichte schleppt sich dahin, gelegentlich von Anekdoten über Onkel Henry unterbrochen, dann kommt der »traumhafte Ausblick von diesem Berg, wo war das noch mal? Ach nein, das war im Jahr davor.« Der Erzähler verliert sich in einer Flut von Einzelheiten, die jede Pointe ertränken. Schließlich, von seinem eigenen Wortschwall fortgeschwemmt, schnappt er verzweifelt nach Luft: »Wo waren wir?« Der Gast will das inzwischen gar nicht mehr wissen; er möchte zwar fortfahren, aber nur noch nach Hause. Hier schießt jemand mit einer prächtig ziselierten Kanone auf einen Spatzen, was den Gehalt der Story angeht.

Ganz anders der geübte Erzähler: Er weiß von Anfang an, worauf er hinaus will. Seine scheinbaren Abschweifungen stellen sich bald als wesentlich für die Geschichte heraus; kein Wort, kein Satz, der nicht direkt zum Ziel hinführte. Und man beachte: Wenn der Zuhörer die unvermeidliche Pointe im Voraus ahnt, ist das nicht immer von Nachteil. Die besten Theaterstücke sind nicht unbedingt diejenigen, die das Publikum bis zum letzten Akt über den Ausgang der Geschichte im Ungewissen lassen. Im Gegenteil. Wenn der Zuschauer den Schluss erraten kann, fühlt er sich zusätzlich belohnt: Er ist schlau genug, um selbst auf die Lösung des Problems zu kommen.

Wer als Interpret ein Ganzes präsentiert, von allem verwirrenden Zierrat entblößt, und geradewegs auf sein Ziel zusteuert, wird ein Publikum finden, das ihm bereitwillig auf die Reise folgt und sich von einem bestimmten Punkt an seine Geschichte zu eigen macht.

Der Interpret ist also angehalten, sich schöngeistiger und künstlerischer Mittel zu bedienen, und es sollte hier deutlich geworden sein, dass er sein Augenmerk auf die rhetorischen Fertigkeiten legen muss: auf die Künste des Redens und Schreibens und besonders auf die Fähigkeit, Ideen zu entwickeln, die der Situation vor Ort gerecht werden.

5

Anregen, nicht belehren

Eine Erziehungswissenschaft, die die Menschen zum Lernen motivieren will, muss … umfassender und anders sein als die, mit der sich die Schule zufriedengibt … Eine neue Erziehung muss Wissen anziehend und erstrebenswert machen. Einmal deshalb, weil attraktives Wissen den Lernenden für sich einnimmt und bei der Stange hält. Zum anderen, weil es seinen Geist und dadurch auch seine Merkfähigkeit erweitert. Trockene Fakten hingegen trainieren nur das Gedächtnis auf Kosten des schöpferischen Geistes. Und drittens ist solches Wissen in sich stimmig … und gibt dem Lernenden das anhaltende Gefühl, dass es aus ihm selbst kommt. Auf diese Art erfreut er sich verdientermaßen seiner geistigen Kräfte.

JAMES JOHN GARTH WILKINSON

Interpretation soll vor allem anregen, nicht belehren.

Wo das Hauptziel der Begegnung zwischen Lehrer und Schüler Erziehung heißt, nimmt Bildung die Form von Unterricht an. Das beste Beispiel dafür sind die Schulen, aber auch jede Art von praktischer Ausbildung kann diesem Muster folgen. So gab es schon 1899 die ersten studentischen Exkursionen in die heutigen Nationalparks, aber sie hatten zunächst rein belehrenden Charakter: Damalige Studenten kamen nicht, um die Landschaft zu genießen, sich zu erholen oder in sich zu gehen.

Beim Interpretieren, in Nationalparks und anderswo, geht es nicht um Belehrung, sondern um Anregung oder, so könnte man es auch ausdrücken, um Herausforderung.[11] Zwar fragen Besucher dieser Gebiete oft nach konkreten Fakten, was man als Wunsch nach Belehrung auffassen kann, und jeder gute Interpret muss in der Lage sein, diesem Wunsch zu entsprechen. Ziel der Interpretation ist es aber, im Leser oder Hörer die Sehnsucht zu wecken, seinen Wissens- und Erfahrungshorizont zu erweitern und ein Verständnis für die tieferen Wahrheiten zu erlangen, die sich hinter der mitgeteilten Information verbergen.

Nationalparks, historische Gebäude und Kriegsschauplätze und die Besucherzentren der Naturschutz- und Erholungsgebiete sind die Orte, an denen Interpretation bestens gedeiht, weil hier eine unmittelbare Begegnung mit den Werken von Mensch und Natur möglich ist.

Schon 1928 richtete Ansel F. Hall, der damalige wissenschaftliche Leiter des National Park Service, eine Botschaft an alle Mitwirkenden der Bildungsarbeit in den Parks, aus der ich hier zitieren möchte, weil sie früh schon klarstellte, was vielen Interpreten auch später noch lange nicht bewusst war: dass nämlich weder Aufgabe noch Ziel der Interpretation im schulischen Unterrichten zu finden sind:

Für die meisten Bildungsprogramme in den Nationalparks gilt: Sie sollten dem Besucher eine grobe Vorstellung von dem betreffenden Park vermitteln und ihm Gelegenheit geben, diese allgemeine (aber in sich geschlossene) Erzählung um eigene Details, je nach seinen Beobachtungen vor Ort, zu ergänzen. Man kann dem Besucher dabei helfen, Beobachtungen zu machen, aber zuerst muss man in ihm den Wunsch wecken, die Dinge selbst zu entdecken und das, was ihm vor Augen kommt, richtig zu sehen und zu verstehen … Man sollte sich immer bewusst sein, dass der Besucher kommt, um den Park mit seinen grandiosen Naturphänomenen zu sehen, und dass Ausstellungen, Vorträge und Führungen nur Hilfsmittel sind, die ihm ein tiefergehendes Verständnis und Erlebnis dieser Phänomene ermöglichen sollen … Einige wenige glauben, es wäre unsere Pflicht, so viel Information wie möglich zu vermitteln, und machen sich deshalb die Mühe, fast jeden Baum, jede Blume und jeden Vogel zu benennen. Andere wiederum haben sich auf die Fahnen geschrieben, dass die Einstellung zur Natur wichtiger ist als das Wissen über sie, und glauben, dass ein intensives Naturerlebnis das Entscheidende für den Besucher ist, auch wenn er nicht viel an Information mitnimmt.

Wie Ralph Waldo Emerson schon vor vielen Jahren geschrieben hat: »Tatsächlich kann uns niemand in der Wahrheit unterweisen, nur zur Wahrheit auffordern.«[12]

Es wäre nicht nur undankbar, sondern tatsächlich ein Mangel, wenn ein Buch über die Grundsätze der Interpretation sich nicht mit der hervorragenden und selbstlosen Arbeit derjenigen beschäftigte, deren erste Umweltbildungsprogramme heute noch weitgehend den Grundstock der Interpretationsarbeit im National Park Service bilden. Der National Park Service hatte von Anfang an das Ideal, Naturwunder und Naturschönheit in den Vordergrund zu stellen und das Erholsame eines Aufenthalts zu nutzen, um – sozusagen auf dem »Waldweg« – Ehrfurcht und Verständnis zu wecken.

Schon Stephen T. Mather, der erste Leiter des National Park Service, vertrat anscheinend dieses Ideal sehr konsequent, und als ersten Schritt zu seiner Verwirklichung überredete er Charles M. Goethe aus Sacramento und seine Frau zu einer Neuauflage des mit ihrer Unterstützung am Lake Tahoe eingeführten Naturführungsprogramms im Yosemite National Park. Deren Interesse an solcher Tätigkeit wiederum war im Ausland geweckt worden, wo sie ähnliche Angebote kennengelernt hatten. Mather ermutigte auch Jesse L. Nusbaum bei seinen ersten Aktivitäten als Interpret im Nationalpark Mesa Verde.

Leider ist hier nicht der Platz, um die Arbeit der vielen Wegbereiter der Interpretation in den Anfangsjahren von 1916 bis 1928 zu würdigen. Später berief der Innenminister ein Komitee zur gründlichen Untersuchung der Bildungsmöglichkeiten in den Nationalparks – ein Unternehmen, das aus Spenden des Laura Spelman Rockefeller Memorial Fund finanziert wurde. Das Komitee, dem John C. Merriam, Hermon C. Bumpus, Harold C. Bryant, Vernon Kellogg und Frank R. Oastier angehörten, ging zu Werk und lieferte einen Zwischenbericht voller praktischer Hinweise zur »Steigerung des Bildungs- und Inspirationspotenzials der Nationalparks«.

Im Jahr darauf stießen Clark Wissler, Wallace W. Atwood und Isaiah Bowman hinzu, und das Komitee wurde zum Bildungsbeirat des National Park Service. Weitere Felduntersuchungen folgten. Der Abschlussbericht des Beirats legte die »Zuständigkeiten und Möglichkeiten der Bildung und Forschung auf den Gebieten Geschichte, Geo- und Biowissenschaften« dar und formulierte ein entsprechendes Programm.

Über die Anfänge der Interpretation in den Nationalparks gibt es eine Broschüre mit dem Titel *Research and Education in the National Parks* (Forschung und Lehre in den Nationalparks) von Dr. Harold C. Bryant und Dr. Wallace W. Atwood junior (1932) sowie Dr. Carl P. Russells *History and Status of Interpretive Work in National Parks* (Geschichte und Stand der Interpretation in Nationalparks, 1939). Es wäre gut, wenn diese Arbeiten allen Interpreten zur Verfügung stünden, weil sie so viel mehr als einen bloßen Abriss der Frühgeschichte des Interpretierens enthalten. Ich stimme mit dem Diensthandbuch des National Park Service darin überein, dass die Begriffe »Forschung« und »Interpretation« das Ziel der Arbeit am besten umreißen.

1953 wurde schließlich im Zuge der Umstrukturierung eine Abteilung zur Förderung der Interpretation im Hauptsitz des National Park Service in Washington geschaffen, deren Leiter die Arbeit in den Bereichen Geschichte, Naturgeschichte, Information und Besucherzentren koordiniert. Zusätzlich gibt es einen Verantwortlichen für Interpretation in jedem der fünf Regionalbüros des NPS,[13] unterstützt von je einem Interpreten, Historiker, Biologen und Archäologen.

So weit einige Hintergrundinformationen, was die Entwicklung der Interpretation in den Nationalparks, ihre ständige Verbesserung und Verfeinerung, angeht. Ich will mich nun kurz den Gedanken und Gefühlen der Pioniere der Interpretation widmen. Diese ersten Lehrenden konzentrierten sich verständlicherweise auf Bildungsangebote in landschaftlich und naturwissenschaftlich interessanten Schutzgebieten. Erst später sollte das Bildungssystem um Angebote für historische und prähistorische Stätten verschiedener Kategorien ergänzt werden, die jeweils bestimmte Kapitel der amerikanischen Geschichte repräsentieren. Wenn ich aber damit richtig liege, dass es eine Theorie und Grundsätze gibt, auf denen sachgemäße Interpretation aufbauen kann, dann ist die Art des Gegenstands, der gezeigt und erörtert wird, nicht von Belang. Interpretation bleibt Interpretation, egal, wann und wo sie ausgeübt wird.

Merkwürdigerweise war der Titel des oben genannten Werks der Anfangszeit – *Research and Education* (Forschung und Lehre) – irreführend. Weder Forschung noch Lehre sind an sich schon Interpretation. Trotzdem waren sich alle Mitwirkenden vollkommen bewusst, dass ihr Wunschziel das war, was wir heute Interpretation nennen. Immer wieder finden sich in ihren Studien und Berichten Ausführungen, die davon zeugen, dass die Verfasser ein sicheres Gespür für das Wesen des Interpretierens hatten, und ich zweifle nicht daran, dass zum Beispiel Merriam oder Bumpus die Grundsätze der Interpretation hätten klar benennen können, wenn das ihre Absicht gewesen wäre.

Dass sie es nicht taten, erklärt sich so: Die Mitglieder des Komitees waren gezwungen, ein möglichst kurzfristig umsetzbares Programm für die anstehende Bildungsarbeit in den Nationalparks zu formulieren. Sie wollten, und auch ihr Leiter Stephen Mather sah es so, eine Lücke schließen, die sich schon schmerzlich bemerkbar gemacht hatte; also konzentrierte man sich auf Dinge, die der Praktiker vor Ort ohne weitere Schulung verstehen würde. Die Ausarbeitung der theoretischen Grundlagen wurde auf später verschoben.

Dieses Programm war solide und bewundernswert ausgearbeitet und wurde in seiner Bedeutung von vielen Mitarbeitern verstanden. Manche ließen sich jedoch auch von dem Wort »Lehre« hinters Licht führen. Es verströmte die Autorität des Schulmeisters, klang nach Unterricht und Erziehung, und dadurch ging, wie wir es allzu oft beobachten mussten, die Aufforderung an den Besucher, eigene Deutungen zu wagen und selbst als »Expeditionsteilnehmer« mit dem Interpreten auf Entdeckungsreise zu gehen, so manches Mal in einer Flut präziser, aber nutzloser Information unter.

Meiner Erfahrung nach sind die Besuchergruppen, die in den vom National Park Service betreuten Gebieten Interpretationsangebote in Anspruch nehmen, bewundernswert diszipliniert und rührend darum bemüht, sich den höheren Dimensionen der Erkenntnis zu öffnen; und genauso eifrig suchen sie nach dem tröstlichen Sinn, den ein Leben mit der Natur und in historischer Kontinuität ihrer eigenen Existenz zu geben vermag. Gleichzeitig habe ich selbst als Teilnehmer oft spüren müssen, wie mein Enthusiasmus einen Dämpfer bekam, wenn der Verantwortliche das Informieren mit dem Interpretieren verwechselte und als schlechter Lehrer agierte anstatt fantasievolle Anregung zu bieten.

Schauen wir uns anhand einiger Zitate an, wie John Merriam die Sache sah:

Je umfassender die Beobachtungen und Gedanken des Besuchers, desto größer ist die Chance, dass er, wie Henry van Dyke es ausdrückte, »durch Staunen und Fragen in Entzücken versetzt wird«.

Der erwachsene Geist verlangt nach einer stärkeren Verankerung in der Wirklichkeit, nach einer klaren Beleuchtung der Zusammenhänge und Darlegung des Blickwinkels.

Wir laufen Gefahr, nur die Steine zu untersuchen, die von den Behausungen der Mayas geblieben sind, und zu vergessen, dass sie zu einem Volk gehören, das immer noch in dieser Gegend lebt.

Ich erinnere mich an eine Geschichte, die mir ein Freund vor Kurzem erzählte. Er war zu einer der entlegensten Ecken des Navajo-Reservats unterwegs, im Canyon de Chelly, zu einem Ort, der das Weiße Haus genannt wird. Da es unmöglich war, sich im tiefen Sand des Canyons fortzubewegen, ritten sie auf

Pferden am Rand der prächtigen Felsklippen entlang, deren Rosa das Sonnenlicht auf außergewöhnlichste Weise reflektiert. Schließlich kamen sie an eine erhöhte Stelle, von der aus sie über das Meer aus Sand hinweg auf die zweihundert Meter hohe Felswand am anderen Ufer schauten, deren Grund von großen Höhlungen durchzogen war. Und dort hinein waren diese beeindruckenden Behausungen vergangener Zeiten gebaut, die als Weißes Haus bekannt sind. Lange standen sie so und schauten auf dieses prachtvolle Menschenwerk vor dem Hintergrund der Natur. Und dann kam ein Navajo aus einem Seitental, stellte sich auf einen Felsen den Häusern gegenüber und stimmte ein Lied an; und mein Freund berichtet: »Von allem, was ich während dieser langen Reise erfahren habe, war das am beeindruckendsten: dieses Zeugnis der Menschheitsgeschichte vor dem großartigen erdgeschichtlichen Panorama zu sehen und plötzlich das Auftauchen eines lebenden Zeugen, der das Denken und Leben dieser Menschen verkörperte.« – »Warum war das so etwas Besonderes«, fragte ich ihn. Und er dachte nach und sagte dann: »Ich weiß es nicht.«

Wir wollen sehen, ob wir die Antwort finden. Wir haben ein Bild, schön und gleichzeitig steril, weil es sich mit nichts im Leben des Betrachters verbinden lässt: ein Stillleben. War es nicht einfach so, dass das Auftauchen des Indianers diesem Bild Leben einhauchte? Ist das nicht ein gutes Beispiel für eine sich zufällig ergebende Interpretation?

Ein nicht zu unterschätzender Aspekt sachgerechter Interpretation ist, dass sie mit Sicherheit unmittelbar zur Bewahrung des Gegenstands selbst beiträgt, gleich, ob das ein Nationalpark, eine prähistorische Ruine, ein ehemaliges Schlachtfeld oder ein Denkmal für unsere weisen und mutigen Vorfahren ist. Ein solches Ergebnis könnte sogar das eigentlich wichtigste Ziel der Interpretation sein, denn was wir nicht schützen können, werden wir unweigerlich verlieren. Im Diensthandbuch des National Park Service findet sich eine klare und deutliche Formulierung, für die ich dem Verfasser, wer immer es war, von Herzen danken möchte: »Interpretation schafft Verständnis, Verständnis erzeugt Wertschätzung, Wertschätzung bewirkt Schutz.«

Ich lege allen Interpreten ans Herz, diese Worte fast wie ein Gebet für sich zu wiederholen. Sie sind ein Lobgesang auf den großen Schöpfer aller Welten, aus ihnen sprechen religiöser Geist und spirituelle Suche im aufrichtigsten Sinne, und unsere natürlichen und menschengemachten Schätze sind dazu da, uns mit diesem Geist zu erfüllen und diese Suche zu befriedigen.

Wer versteht, wird, was er sieht, nicht mutwillig verunstalten, denn er versteht auch, dass es ein Teil von ihm selbst ist. »Ich möchte keine Steine auf meine schöne Mutter [Natur] werfen«, sagt Emerson, »oder mein heimeliges Nest beschmutzen. Was ich will, ist, die Bedeutung der Natur für uns Menschen zu zeigen; alle große Erziehung strebt danach, dem Menschen einen Platz in der Natur zu geben.« Es wäre anmaßend, diesen größten unserer amerikanischen Philosophen und Interpreten berichtigen zu wollen, aber ich muss es hier doch ausnahmsweise versuchen. Emerson war offensichtlich so sehr auf die Vervollkommnung des Menschen bedacht, dass er für einen Moment vergaß, dass Mensch und Natur unzertrennlich sind. Sie *sind* ein und dasselbe. Wer etwas Schönes zerstört, beschädigt sich selbst. Wahre Interpretation verankert diese Tatsache in unserem Bewusstsein.

Aber dafür reicht es nicht aus, Informationen zu geben; nicht, die Namen der Dinge zu nennen, sondern ihr Innerstes, ihre Seele zu enthüllen, die Wahrheiten hinter dem, was der Besucher sieht; nicht, zu predigen oder zu unterrichten; nicht, den Besucher zu belehren, sondern ihn herauszufordern.

Vor Kurzem nahm ich an einer Expedition durch einen unserer Nationalparks teil. Der Leiter, ein Hochschullehrer, der in der Saison als Ranger arbeitete, kam aus einem anderen Landesteil und war seit Jahren in diesem Park tätig, weil er ihn kannte und liebte. Dreieinhalb Stunden lang führte er uns von einem Ort zum anderen. Es war heiß, die Zeit war zu lang, und ich war abwechselnd erheitert und genervt von seiner Methodik – wenn es denn Methode war. Er verletzte nahezu alle Regeln des Umgangs mit Besuchern, und zu meinem Entsetzen erging er sich ausführlich in lateinischer Taxonomie. Trotzdem folgten ihm seine Gäste auf dem Fuß durch die heiße und staubige Landschaft, und irgendwann begann ich zu verstehen, warum: aus Liebe. Dieser Mensch liebte alles, was er zeigte und beschrieb, mit ganzer Seele, und er gab diese Liebe weiter und weckte damit Verständnis.

Die größte Überraschung bereitete er mir ganz zum Schluss, auf dem Gipfel eines unbewaldeten Berges. So frisch, als wären wir gerade losgelaufen, hob er zu einer spannenden Geschichte über die Angriffe von Wind, Wetter und Leben auf den Stein unter unseren Füßen an: wie sich in winzigen Felsnischen die erste Vegetation ansiedelt; wie Gräser und Sträucher, schließlich Bäume folgen – diese Gräser, diese Wälder, die wir alle kennen. Das erschöpfte Publikum lauschte ergriffen. Jahrhunderte über Jahrhunderte waren nötig, um solches Grün und solche Schönheit entstehen zu lassen. Und plötzlich endete er abrupt, mit einem Fingerschnipsen und ausgestrecktem Arm: »Das alles können Sie mit einer Zigarette zerstören – EINFACH SO!«

Theatralisch? Ganz sicher. Überzogen? Nein. Es war der perfekte Schluss. Kein Waldbrand-Warnschild am Straßenrand, keine Statistik, kein Appell an die Vernunft hätte die Wirkung erzielt, die dieser Ranger auf seine Gruppe ausübte. *Seine Gruppe*, weil zugegebenermaßen die Gelegenheit eine besondere war, die man im Naturschutz nicht allzu oft hat.

Nichtsdestotrotz: Das war keine Belehrung. Es war Herausforderung, war Provokation.

6

Immer ein Ganzes im Blick

Weisheit bedeutet nicht, viele Dinge zu wissen, sondern die verborgenen Gemeinsamkeiten scheinbar zusammenhangloser Tatsachen wahrzunehmen.

JOHN BURNET, ÜBER HERAKLEITOS VON EPHESOS

Interpretation soll Ganzheiten vermitteln, keine Bruchstücke. Sie muss sich dem ganzen Menschen zuwenden, nicht nur einem Teil von ihm.

Von allen Worten der englischen Sprache ist keines so schön und bedeutsam wie *whole.*[14] Ursprünglich bedeutete es »gesund«, was meiner Ansicht nach ausdrückt, dass die Gesundheit des Menschen ein Ganzes ist, das sich nicht auf einzelne Teile von Körper und Seele beschränken lässt. In der englischen Bibel (Matth. 9,12) heißt es: »They that be whole need not a physician.« Ich glaube, niemand von uns kann sich im Rückblick auf die Fehler seines Lebens der Erkenntnis entziehen, dass die meisten davon herrührten, einen Teil von etwas für ein Ganzes gehalten zu haben. Das passiert leicht, denn beim Betrachten eines

Bruchstücks stellt sich schnell ein Gefühl des Verstehens ein, während die Suche nach dem Ganzen harte Arbeit ist. Man sagt dann schnell »mir ist alles klar« und merkt nicht, dass man eigentlich noch gar nichts begriffen hat.

Ein vollständiges Ganzes statt einzelner Bruchstücke zu präsentieren, scheint mir eine Hauptaufgabe der Interpretation, wie interessant die jeweiligen Details auch sein mögen. Der Leser wird bemerken, dass ich »ein Ganzes« sage, nicht »das Ganze«. Wenn wir *das Ganze* wollen, verlieren wir uns leicht im Unendlichen, und unsere Zeit mit dem Besucher oder Leser ist knapp bemessen. Ein Freund drückte es so aus: »Touristen sind in dreierlei Hinsicht eingeschränkt – Zeit, Aufnahmefähigkeit und Geld.« Das stimmt, und umso wichtiger ist es, ihnen etwas Vollständiges vor Augen zu führen statt einzelner Bruchstücke.

Stellen wir uns vor, wir stünden einem Besucher von einem anderen Planeten gegenüber. Er hat gehört, dass es Vögel gibt, aber noch nie einen gesehen. Wir als Fachleute könnten ihm zum Beispiel erzählen, dass der Vogelflügel anatomisch dem Arm des Menschen oder dem Vorderbein eines Pferdes sehr ähnlich ist und dass er sogar beim Fisch seine Entsprechung hat. Auch sind Vögel als Insektenfresser die Helfer des Landwirts, und der Jäger stellt einigen Arten nach, weil man sie gerne isst. Hundert interessante Details könnte man hier anbringen, um schließlich bei John Ruskins hübscher Vorstellung zu landen, ein Vogel sei »wenig mehr als ein Windhauch, von Federn zusammengehalten«. Immer noch wüsste unser Besucher nicht, wie ein Vogel aussieht. Ein Vogel ist ein kleines Ganzes, kein Sortiment von Bauteilen und Merkmalen. Wer das bezweifelt, der nehme die Teile und Merkmale und bastle daraus einen Vogel.

Wenn ich vom vollständigen Ganzen spreche, mag das zunächst wie ein Plädoyer für einen Perfektionismus klingen, der den Interpreten vor extreme Herausforderungen stellt. Ich glaube, das Gegenteil ist der Fall. Gerade das wiederholte Ausbreiten einer großen Sammlung einzelner Fakten ruft beim Publikum wie auch beim Interpreten selbst schnell Langeweile und Müdigkeit hervor. Uns allen graut vor dem, was wir eine abgedroschene Vorstellung nennen. Wenn der Interpret es aber, intuitiv oder durch gute Vorbereitung, schafft, ein bewegendes Ganzes zu vermitteln, ist ein Verfallen in solche Klischees nahezu unmöglich.

Da man sich nicht immer auf Eingebungen verlassen kann, sollte der Interpret von Regeln ausgehen, und die Regel ist hier: Wenn der Besucher ein Naturschutzgebiet, eine historische oder prähistorische Stätte mit einem oder mehreren Bildern im Kopf verlässt, ist das bei Weitem besser, als wenn er ein Sammelsurium von Informationen mitnimmt, das ihn über das Wesen des Ortes im Zweifel lässt, ihn etwa sogar darüber im Unklaren lässt, warum der Ort überhaupt geschützt ist. Um das zu illustrieren, gebe ich für jede der erwähnten Kategorien von Denkmälern und Schutzgebieten ein Beispiel.

Nehmen wir als Naturreservat, geschützt ob seiner Schönheit, aus wissenschaftlichem Interesse oder aus beiden Gründen, den Big Bend National Park: eine Wildnis aus Wüste, Gebirge und Flüssen, die, von früherer wirtschaftlicher Nutzung befreit, in einen naturnahen Zustand zurückkehren soll, so weit Besucherverkehr und -unterbringung das erlauben. Ein zerklüftetes Bergmassiv aus magmatischem Gestein erhebt sich hier über einer zum Rio Grande hin geneigten Ebene. Tausende von interessanten Dingen weiß der Naturwissenschaftler, Historiker oder Archäologe über den Werdegang dieser Landschaft zu berichten.

An Geschichten gäbe es hier die Erzählung von der Wüste: Man sieht eine Ebene mit Kakteen und Chaparral-Sträuchern, die in beträchtlichem Abstand voneinander wachsen. Dazwischen riesige Schildfarne. Agaven reihen sich in hübscher Anmut an den Hängen des Chisos Basin und warten auf den Augenblick, in dem sie sich mit einer einzigen kurzen Blüte für die Erhaltung der Art aufopfern werden. In den Bergen wächst Mexikanischer Wacholder, eine Art, die innerhalb Nordamerikas nur hier existiert. Auf den höchsten Gipfeln finden sich Bäume, die man viel weiter nördlich vermuten würde.

Verbirgt sich hinter diesen Einzelheiten, die der Durchreisende kaum alle aufnehmen kann, ein Ganzes? Etwas, das die Fantasie anregt, einen unauslöschlichen Eindruck hinterlässt und beim Besucher den Wunsch aufkommen lässt, mehr über die raffinierten Anpassungsmechanismen der verschiedenen Lebensformen zu erfahren? Welche Geschichte wird hier erzählt?

Es ist eine Geschichte von ausbleibendem Regen, oder richtiger: von zurückgehenden Niederschlägen. Seit vielen Jahrhunderten flieht das Leben diese Region, von zunehmender Trockenheit getrieben. Wer als Besucher aus einer Gegend mit tausend Millimetern Jahresniederschlag kommt, sieht hier, wie seine Heimat im Großen und Ganzen aussehen würde und wie sich alles Leben verändern würde, ja müsste, wenn die Regenwolken ausblieben. Ich bestehe nicht auf dieser speziellen Geschichte. Der Interpret vor Ort kann das sicher besser beurteilen. Ich sage nur, dass dies ein Ganzes wäre.

Gehen wir weiter zum Vicksburg National Military Park, einer Gedenkstätte des amerikanischen Bürgerkriegs. Durch seine Lage auf den fruchtbaren Lösslehmböden des Mississippitals ist dieser Ort von großer Naturschönheit. Doch höchstwahrscheinlich kommt der Besucher nicht deshalb, sondern wegen der langen, dramatischen Belagerung, in deren Folge sich die Stadt am Unabhängigkeitstag 1863 den Truppen von Ulysses S. Grant ergab. Es war dies eine der kompliziertesten Operationen des Krieges. Selbst wenn der Interpret Stunden statt Minuten zur Verfügung hätte, könnte er kaum erschöpfend und detailgetreu von den vielen vergeblichen Versuchen berichten, die Feste vom Fluss her einzunehmen. Grants letztlich erfolgreicher Vorstoß von der Landseite war die Krönung einer Reihe nicht weniger verwickelter Feldzüge, die der Bundesarmee den Weg zum Sieg ebneten.

Auch hier ist ein Blick aufs Ganze für den heutigen Besucher viel wichtiger als die militärische Strategie und Taktik. Nehmen wir als Ganzes die Geschichte des Staates Missouri, die sich in der Belagerung und Einnahme der Stadt widerspiegelt. Auf der einen Seite das 11. Missouri-Regiment der Bundesarmee, auf der anderen das 3. Missouri-Regiment der Konföderierten. Das beleuchtet schon die ganze menschliche Tragödie des Kriegs: Es war ein Bruderkrieg. Unsere Geschichte erzählt von einem zerrissenen Grenzland, von Feindschaft, die fast noch stärker war als die zwischen den echten Nord- und Südstaaten. Wen, außer dem Historiker, interessiert es, wer diese Regimenter anführte? Oder wer von rechts und wer von links kam? Die Jungs vom Missouri, die sich hier nach dem Leben trachteten, hatten gemeinsam aus Großmutters Keksdose genascht. Das ergibt ein Ganzes. Oder das tragische Schicksal von Generalleutnant John C. Pemberton, einem Abtrünnigen der Bundesarmee, der sich in den Dienst der Südstaaten stellte und schließlich mit eigener Hand die Kapitulation der belagerten Stadt besiegeln musste – auch das ein Ganzes.

Einmal besuchte ich das Tonto National Monument, eine der kleineren prähistorischen Stätten im Südwesten, in der Nähe des Roosevelt-Staudamms in Arizona, und der Ranger, mit dem ich ins Gespräch kam, sagte ganz beiläufig zu mir: »Wissen Sie, Mr Tilden, die meisten Leute, die hierherkommen, sehen die steilen Berghänge, wo die Indianer nach der Feldarbeit hochkraxeln mussten, und denken sich: Das muss eine Tortur gewesen sein. Aber ich glaube, die haben wie Gott in Frankreich gelebt.«

»Das klingt nach etwas Ganzem«, entgegnete ich. »Daraus sollten Sie ein Bild für die Besucher machen. Wen interessiert schon, ob die Keramik weiß auf schwarz oder schwarz auf weiß bemalt war? Wen kümmert es, ob Amerika über die Beringstraße besiedelt wurde oder ob jemand mit dem Floß in Südamerika gelandet ist?«

Natürlich kannten die Ureinwohner von Tonto Krankheit und Unglück, wie alle anderen Menschen auch. Aber in guten Zeiten muss es ein herrlicher Wohnort gewesen sein, unter dem strahlenden Himmel von Arizona, ohne große Entbehrungen und ohne Hast. Der Besucher, wenn er in solcher Umgebung und unter diesen Bedingungen lebte, würde genau dasselbe tun wie sie, notgedrungen mit denselben Mitteln, und sein Leben genießen. Sein Zuhause wäre für ihn der Mittelpunkt des Universums, seine Kinder die besten von allen und seine Götter die einzig wahren. Das ist ein Ganzes. Denn: Obwohl wir den Archäologen für ihre unermüdliche Forschungsarbeit zu ewigem Dank verpflichtet sind, sollte man immer bedenken, dass die große Masse anders tickt und ihre gelehrten Gedanken nicht nachvollziehen kann. Hören wir, was der weise Emerson darüber sagt:

Alles Wühlen in der Vergangenheit geschieht, um endlich mit der grotesken und unverstandenen Wildheit des Damals aufzuräumen und das Hier und Jetzt an seine Stelle zu setzen. Belzoni gräbt Mumien aus und vermisst die Pyramiden von Theben, bis sich der Unterschied zwischen ihm und der monströsen Anlage verflüchtigt. Wenn er sich davon überzeugt hat, … dass sie von jemandem wie ihm erbaut wurde und aus Motiven, die auch die seinen gewesen wären, ist das Problem gelöst.

Der Geograf Samuel Whittemore Boggs sprach einmal davon, dass »Ganzheit ganz macht«.[15] Mir kam diese Formulierung, als ich zum ersten Mal darauf stieß, ein wenig überspannt vor, aber inzwischen sehe ich, dass sie den Nagel auf den Kopf trifft. Die Klügsten unter uns unterschätzen die heilende Wirkung eines Aufenthalts in unberührter Natur, deren Ganzheit uns wohltuende Zuflucht vor dem nervtötenden Jahrmarkt unserer Lügen und Halbwahrheiten bietet. Indem der zerrissene und abgestumpfte Mensch die intakten Netzwerke des Lebens um sich herum wahrnimmt, beginnt er auch sich selbst wieder als Ganzes zu empfinden. Das ist mit »ganz machen« gemeint.

Genauso, wenn der Besucher den Geburtsort von George Washington am Pope's Creek im östlichen Virginia aufsucht: Das Haus, das er dort vorfindet, ist nicht Washingtons Geburtshaus, und trotzdem verströmt es den Geist des großen Mannes, und die reizvolle und anregende Umgebung lässt unseren Helden in seiner ganzen Charakterstärke wiedererstehen. Die wenigen, teils ganz unwichtigen Details bekommen durch richtige Interpretation einen tieferen Sinn, und vor unseren Augen entsteht das Bild der Bilder: George Washington, der unerschrockene Anführer der Amerikanischen Revolution. Und dieses Bild gibt dem Besucher den Gedanken ein: Was Washington im Großen war, kann ich zumindest im Kleinen sein. Sein Charakter war der eines ganzen Mannes, und der kann ich gut und gerne werden, auch wenn ich kein Washington bin. Das ist es, was Boggs unter »ganz werden durch Ganzheit« verstand.

Aus diesen und ähnlichen Gründen muss sich der Interpret, ob in einem Naturreservat, an historischem Ort oder im Museum, auch immer an den ganzen Menschen wenden, den er in Gestalt des Besuchers vor sich hat. Das mag widersprüchlich klingen, weil der Besucher nur allzu oft selbst nicht genau sagen kann, warum er überhaupt hergekommen ist. Aber wenn man sich entscheiden muss, welchen der Teil-Menschen oder Menschenteile man als Interpret versorgen soll, hat man schon verloren. Den Besucher als Wissensdurstigen im eigenen Fachgebiet zu betrachten, wäre eine Reduktion des Menschen auf einen Teil; es kann aber sein, dass dieser Teil gerade nicht ansprechbar ist.

Der ganze Mensch kommt, weil er neue Erfahrungen sucht, Bestätigung oder schlicht Erholung; weil ihm Freunde gesagt haben: »Da musst du hin!«; aus Neugier, Wissbegier, Abenteuerlust und hundert anderen Gründen. Wer sich auf ganze Menschen einstellt, kann sein Ziel gar nicht verfehlen. Manche kommen mit der ausdrücklichen Erwartung, zu erfahren, warum sie gekommen sind. Ich habe einmal zu einem Freund gesagt, dass wir beim National Park Service etwa in der Lage eines feinfühligen Kellners in einem Landhotel sind. Dieser Kellner, wenn er sieht, dass seine Gäste die Speisekarte sehr unschlüssig betrachten, wird sich hüten, ein Gericht vorzuschlagen. Die Antwort wäre ein trotziges »Ach nein«. Er geht geschickter vor: »Die Suppe in der Küche duftet ja wirklich, haben Sie das gerochen? Exzellent, vom Chef persönlich. Sobald ich Zeit habe, muss ich einen Teller davon probieren.« Oftmals stellt der Gast dann fest, dass er genau diese Suppe wollte, ohne es recht zu wissen.

Um mit dem gastronomischen Vergleich fortzufahren: Eins kommt zum anderen, der Gast hat gut gegessen und fühlt sich wohl, das Hotel gefällt ihm. Warum soll er nicht über Nacht bleiben? Er hat gerade nichts weiter vor. Er geht ins Freie. Der junge Frühling lässt Büsche und Bäume ergrünen. Fast hätte er vergessen, wie angenehm ein Spaziergang sein kann. Es ist schöner hier, als es zu Anfang schien, und ganz sicher gibt es eine Menge zu entdecken …

Wir müssen das nicht weiter ausführen. Der springende Punkt ist, dass der Besucher ein ganzer Mensch ist, kein menschlicher Apparat, der nach Nahrung sucht und dann wieder davonfährt. Und ein ganzer Mensch ist Stimmungen unterworfen. Wenn er im Augenblick nichts anderes will, als in der Wildnis unter einem Baum zu liegen und durch die Blätter den Himmel zu betrachten, dann ist das ein Teil des Ganzen – eine augenblickliche Stimmung. Wir wollen sie respektieren. Er wird später noch nach anderen Dingen verlangen, und wir haben in unseren Schutzgebieten genug Interessantes auf Lager.

Jeder Interpret, der seinen Dienst am ganzen Menschen und seinen Stimmungen ernst nimmt, sollte sich in Bescheidenheit üben. Nicht in falscher Bescheidenheit, das wäre schauderhaft. Ich meine die echte Bescheidenheit, die berechtigten Stolz auf das selbst Errungene einschließt, Dankbarkeit, dass es uns vergönnt war, profundes Fachwissen zu erwerben, aber auch langmütige Geduld mit denen, die nie ein gleichermaßen leuchtendes Ziel vor Augen hatten. Es ist immer gut, sich klarzumachen, dass man eventuell im Fachgebiet des Besuchers ein blutiger Laie wäre. Das soll keine Predigt sein. Es ist ein Plädoyer für gute und verständnisvolle Interpretation.

Auch mir ist es untergekommen, dass Besucher in Nationalparks und Museen geradezu aberwitzig dumme Fragen vorbrachten. Es ist nun einfach, den Besucher als Deppen hinzustellen. Ich war mir aber oft ganz sicher, dass solche albernen Fragen schlicht dem leutseligen Wunsch entsprangen, irgendetwas zu sagen, um dem Interpreten zu zeigen, dass man seinen Vortrag gut findet. Aus Mangel an Zeit zum Nachdenken wurde eine Albernheit daraus. Lenken Sie das Gespräch auf etwas, was der Besucher schon weiß, und er wird garantiert keine Dummheiten von sich geben.

Dr. Clark Wissler schrieb einmal: »Ranger neigen dazu, den Wissensstand von Touristen zu hoch und andererseits die Intelligenz des ›Durchschnittsmenschen‹ zu niedrig einzuschätzen.« Ich glaube nicht, dass das heute noch in dem gleichen Maße gilt wie zu Wisslers Zeit, aber ein guter Interpret muss diesen Fehler auf jeden Fall vermeiden.

Bei Ralph Waldo Emerson heißt es: »Und es gibt auch geduldige Wissenschaftler, aber ihnen erstarrt alles unter dem kalten Lichte des Verstands.« Emerson bewunderte die »geduldigen Wissenschaftler« genauso wie wir alle. Was er meinte, war einfach, dass Verstand nur ein Teil des ganzen Menschen ist. Die anderen Teile – Gefühl, Religiosität, die Sehnsucht nach Kontinuität, die Freude am Erzählen, körperliche Bedürfnisse –, all das muss genauso berücksichtigt werden.

7

Interpretation für Jüngere

Dem jungen Geist ist alles einzigartig, und jedes Ding steht für sich …
Später beginnen sich die Kreise zu schließen
und die Dinge bekommen einen gemeinsamen Ursprung.

RALPH WALDO EMERSON

Interpretation für Kinder (etwa bis zum zwölften Lebensjahr) soll keine vereinfachte Form derjenigen für Erwachsene sein. Um erfolgreich zu sein, muss sie einem grundlegend anderen Ansatz folgen und sich eigener Programme bedienen.

Ich glaube, dass Emerson in seiner Aussage mit »später« die geistige Entwicklungsstufe meinte, die nötig ist, um einigermaßen mit Abstraktionen umgehen zu können. Wenn diese Stufe erreicht ist, beginnen sich tatsächlich »die Kreise zu schließen«. Sicherlich wäre unser Philosoph jedoch entzückt von der großartigen Arbeit, die Interpreten heute im Umgang mit Kindern leisten – in Naturzentren und Ausstellungen, auf Lehrpfaden, im Gespräch –, denn die gab es zu seiner Zeit noch nicht. Damals gab es Lehrer und Lehrbücher und den mehr oder weniger folgsamen Schüler; und das Beste, was man über diese durchaus engagierten Lehrer sagen kann, ist vielleicht, dass sie es gelegentlich schafften, ein wenig frischen Wind in die angestaubten Schulen zu bringen, damals, als das Studium am realen Objekt selten möglich und oft nicht einmal erwünscht war.

Könnte Emerson ein oder zwei Orte in den National Capital Parks[16] besuchen, den Cook County Forest Preserve District, Colonial Williamsburg, das historische Cooperstown oder die Museumsdörfer Old Sturbridge und Greenfield Village – um nur einige der Orte zu nennen, wo ausgezeichnete Interpretation für Kinder geboten wird –, er würde mir sicherlich zustimmen, dass ein geschulter Interpret die Kreise schließen kann – nicht später, sondern jetzt.

Ein Beispiel: Vor Kurzem wohnte ich dem Vortrag eines Biologen vor einigen Hundert Grundschülern bei. Er benutzte im Verlauf seiner Rede mehrmals das Wort »Ökologie«. Zu meiner Zeit wäre das für ein Schulkind eine harte Nuss gewesen, wie überhaupt alle Wörter, die auf *-logie* endeten. Inzwischen ist mir klar, dass die Schwierigkeit daher rührt, dass die Welt hinter solchen Wörtern den Kindern noch verborgen ist. Der Wissenschaftler hatte die Kinder aber vorbereitet, indem er erklärt hatte, dass das Wort für eine Lebensgemeinschaft von Gräsern und Bäumen, Insekten und Vögeln, Nage- und Kriechtieren stünde, die in einer gemeinsamen »Wohnung« miteinander auskommen müssten. Die Kinder waren nicht nur interessiert, sie waren begeistert von dieser Vorstellung und den Assoziationen, die sie damit verbanden. Damit war das Wort »Ökologie« für sie greifbar geworden, und nebenbei konnte man herrlich damit angeben. Aber das Entscheidende ist, dass die Idee einer Lebensgemeinschaft statt einer taxonomisch gegliederten Liste einzeln lebender Arten den gemeinsamen Ursprung der Dinge gut verdeutlicht – auch dem Kind schon.

Die Wörter »Soziologie« und »Theologie« dagegen wären denselben Kindern wahrscheinlich fremd geblieben: Auf solcherart Abstraktionen ist der kindliche Geist noch nicht vorbereitet.

In Anbetracht der exzellenten Arbeit so vieler Naturzentren, Museen (auch wenn sie nicht immer unter diesem Namen auftreten) und anderer Orte, an denen Interpretation für Kinder mit Erfolg betrieben wird, kann man wohl annehmen, dass unser sechster Grundsatz als solcher allgemeine Zustimmung finden wird. Die Meinungen über die zu bevorzugenden Techniken der Interpretation werden naturgemäß auseinandergehen. Gegenwärtig ist es so, dass die besten Programme für Kinder dort zu finden sind, wo regelmäßig ganze Schulklassen zu Besuch kommen. Zurzeit sind das hauptsächlich Orte, die für Tagesausflügler konzipiert sind, obwohl eine Einrichtung wie Colonial Williamsburg auch Unterkünfte für einen längeren Aufenthalt bietet.

Auch Kosten- und Personalfragen müssen im Zusammenhang mit Programmen für Kinder bedacht werden. Ich habe mir die gegenwärtige Arbeitsweise der größeren Institutionen angesehen und bin fest davon überzeugt, dass sich auch kleinere und kleinste Bildungsstätten ein Mindestmaß der nötigen Mittel leisten können, wenn sie auf Interpretation Wert legen. Die Qualität einer Einrichtung wie Williamsburg werden nur wenige erreichen, aber selbst ein kleines historisches Gebäude oder lokales Museum kann mit wenig Aufwand das Wichtigste einführen.

Die Festlegung einer Altersgrenze von zwölf Jahren, wie ich sie hier getroffen habe, klingt willkürlich und ist es auch – mit Absicht. Ich bin sicher, dass der Leser mich richtig verstehen wird. Einige wichtige Besonderheiten der Interpretation für Kinder sind auch auf Jugendliche und Erwachsene übertragbar. Es ist nachgewiesen, dass Vorträge, Lesestoff und andere Medien, die für Schulkinder der Mittelstufe entworfen wurden, auch Ältere, sogar Erwachsene noch ansprechen.

Kinder in den ersten Schuljahren erlernen Begriffe in einem unglaublichen, später nie wieder erreichten Tempo. In diesem Alter kann man ihnen getrost mit reiner Information kommen, ohne sie zu überfordern. Wer als Interpret sowohl mit Grundschulkindern als auch mit Erwachsenen zu tun hat, kennt den Hunger der einen nach Information und die leichte Übersättigung der anderen mit Faktenwissen. Das allein ist Grund genug, Interpretation für Kinder nach ganz eigenen Prinzipien zu gestalten.

Jeder Erwachsene erhält sich gewisse kindliche Eigenschaften in mehr oder weniger starkem Maße. Eine davon, obwohl nicht immer ganz ernst gemeint, ist die Vorliebe für Superlative. Bei einer Kindergartengruppe im Museum beobachtete ich, dass für die Kleinen ganz offensichtlich eine abenteuerliche Faszination davon ausging, das größte Vogelei (Strauß) und das kleinste (ein Kolibri-Gelege mitsamt Nest) in Händen zu halten und ein Skelett des größten Tiers der Welt (Blauwal) zu bestaunen, das von der Decke hing. In einer Ecke des Saals stand eine überlebensgroße Statue, und ich sah, wie jedes der Kinder im Vorbeigehen seine Hand darauflegte. Ich fragte den Lehrer und Interpreten, warum. »Weil sie so groß ist«, sagte er. »Eine Statue in Originalgröße würden sie nicht anfassen.« In einer anderen Abteilung starrte alles auf ein Wildvogel-Gelege von 24 Eiern. Die Erklärung: »Es ist der größte Haufen von allen.«

Diese Vorliebe für Superlative klingt kindisch, nicht wahr? Aber erinnern wir uns, mit welchem Enthusiasmus Millionen von Erwachsenen vom »größten Schneesturm aller Zeiten« (1888) gesprochen haben. Oder andere vom höchsten Berg der Erde (Mount Everest, obwohl es im Himalaja einige Berge gibt, die nur ein paar Meter weniger messen); vom größten versteinerten Saurier, der jemals gefunden wurde; davon, wie nahe sich der höchste und tiefste Punkt der Vereinigten Staaten sind (Mount Whitney und ein Punkt unter dem Meeresspiegel im Death Valley); von der ersten Schwalbe des Jahres, von der kleinsten Kirche der Welt – die Aufzählung ließe sich beliebig fortsetzen.

Eine andere kindliche Verhaltensweise, die teilweise einem Mangel an Hemmungen entspringt, aber erstaunlich oft ins Erwachsenenalter übernommen wird, ist das Untersuchen eines Objekts mit allen fünf Sinnen. Vor allem der Drang zu erfahren, »wie es sich anfühlt«, ist bemerkenswert. In der Vergangenheit haben Interpreten die Möglichkeiten, solche taktilen Bedürfnisse zu befriedigen, selten voll genutzt, und gegenwärtig werden sie hauptsächlich Kindern angeboten, viel weniger den Erwachsenen. Interpreten haben aber die besten Voraussetzungen, Geruchs- und Geschmackserfahrungen zu vermitteln, und nutzen sie bisweilen auch sehr effektiv. Ich erinnere mich an ein Schulgebäude im Cook County Forest Preserve District, wo ein kleiner Stoffbeutel von einem Nagel an der Tür hing. »Was ist das? Wonach riecht es?« stand sinngemäß darunter. Ohne nachzudenken griff ich nach dem Beutel und roch daran – Kräuter. Meine Handlung war instinktiv.

»Wonach riecht es?« Diese Frage geht über den Geruch des Gegenstands hinaus. Die Sinneserfahrung mit der Nase versetzt Kind und Erwachsenen in eine Welt ähnlicher und verwandter Gerüche. Ein Geruchsgedächtnis bildet sich oder wird aufgefrischt. Kinder, die auf dem Land aufwachsen, erkennen frühzeitig eine große Anzahl von Pflanzen an Geruch und Geschmack, ja sogar verschiedene Bodenarten. In dem Maße, wie auch die Dörfer verstädtern, machen Millionen von Menschen solche Erfahrungen nur noch unter Anleitung von Interpreten in Schutzgebieten.

Die Notwendigkeit von Geruchserfahrungen wird heute auch jenseits der Bildungsarbeit als so dringend erkannt, dass ich in Cooperstown eine Diskussion darüber verfolgen konnte, wie man der historischen Schankwirtschaft einen überzeugenden Wirtshausgeruch geben könne. Mir schien das, um die Vergangenheit lebendig zu machen, genauso wichtig wie eine authentische Möblierung im Stil der Epoche. Beides läuft auf dasselbe hinaus: dem Besucher eine Sinneserfahrung vom Leben der Ahnen zu vermitteln.

Im landwirtschaftlichen Museum von Cooperstown überraschte mich die große Zahl von Exponaten zum bäuerlichen Leben von 1750 bis 1850, die Kinder und Erwachsene gleichermaßen anfassen und benutzen dürfen. Ich glaube mich zu erinnern, dass mir der Direktor Dr. Louis C. Jones ziemlich stolz erzählte, man besäße nur ein Ausstellungsstück, von dem die Kinder ferngehalten werden müssten, und zwar wegen der Gefahr für die Kinder, nicht für das Exponat. Ich vermutete, dass die Verluste durch versehentliche oder absichtliche Beschädigung bei solch freiem Umgang beträchtlich sein müssten. Der Direktor sagte im Gegenteil, dass es im vergangenen Jahr so gut wie keine Abgänge oder Reparaturen gegeben hätte. Seine Theorie über Vandalismus schien mir bemerkenswert: Wenn die Exponate wirklich gut und wertvoll sind, meinte er, und man dem Besucher das Gefühl gäbe, ein willkommener Gast zu sein, hielte das die destruktiven Regungen in Schach. Sicher kommen hier noch andere Aspekte ins Spiel, aber diese zwei scheinen mir tatsächlich sehr wichtig.

Kleinere Kinder sind nicht nur äußerst lernwillig und begierig auf neues Wissen in Form von Tatsachen; sie achten auch peinlichst darauf, dass niemand die Tatsachen verdreht, wenn sie einmal festgestellt sind. Einmal sagte ich einer Dreijährigen, die danach verlangt hatte, das altbewährte »Night Before Christmas«[17] auf. Sie hatte dieses Gedicht so oft gehört, dass sie es auswendig kannte. Als ich bei den Zeilen

Was seh ich? Unglaublich! Kann den Augen kaum traun,
Vor'm niedlichen Schlitten acht Rentierchen, braun ...

angelangt war, sagte ich aus lauter Albernheit »sieben Rentierchen« statt »acht«. Die Kleine blitzte mich wütend an, als hätte ich eine Blasphemie geäußert, und verkündete streng: »*Acht* Rentierchen!« Dem Erwachsenen ist es egal, ob der Weihnachtsmann acht oder zwanzig Tiere besitzt, er hätte darüber hinweggesehen – das Kind nicht. Vielleicht meinte Emerson das mit seiner Formulierung vom jungen Geist, dem »jedes Ding für sich steht«. Wir sehen hier aber auch, wie wichtig genaue Recherche beim Gestalten von Medien für Kinder ist: Die Fakten müssen stimmen. Hier habe ich allerdings keine Bedenken, wenn ich mir die Arbeitsweise und die Fähigkeiten unserer Interpreten anschaue. Wichtiger scheint mir das Fazit, das ich selbst immer wieder ziehe: Interpretation für Kinder ist eine Kunst für sich und erfordert ganz eigene Talente.

Viele qualifizierte Autoren der Erwachsenenliteratur haben schmählich versagt, wenn es um Kinderbücher ging. Ich selbst bin ein gutes Beispiel dafür. Ja, ich habe auf Vorschlag eines Verlegers einmal ein Jugendbuch verfasst, das nicht einmal meine eigenen Kinder zu bezaubern vermochte, obwohl sie sich im Interesse des Familienfriedens bemühten, große Begeisterung vorzutäuschen. Ich überlasse es den Experten, zu erklären, worin dieses spezielle Talent besteht. Ich habe es oft in Aktion gesehen, und immer wieder bin ich verblüfft.

Vor nicht allzu langer Zeit erlebte ich den Diavortrag eines jungen Wissenschaftlers im neu eingeweihten Rock Creek Nature Center in Washington. Diese »Museums-Villa«, früher als »Klingle Mansion« bekannt und jetzt Bestandteil der National Capital Parks, hält eine reizvolle Mischung aus naturbezogenen Exponaten und Aktionselementen bereit. Viele Stücke dürfen berührt und benutzt werden. Bei dieser Veranstaltung hatten die Lehrer das Thema wählen dürfen und sich für Geologie entschieden, eine Wissenschaft, die weder Kindern noch Erwachsenen leicht zu vermitteln ist. Aber nie habe ich größere Entdeckerfreude im kindlichen Publikum erlebt als bei diesem Vortrag. Ich fragte den Redner im Anschluss, ob sein Erfolg bei den Kindern damit zu tun hätte, dass er selbst noch relativ jung – etwa fünfundzwanzig – war. Er überlegte eine Weile und sagte schließlich, er glaube es nicht. Gewiss hatte er recht, denn ich habe viel ältere Interpreten, unter ihnen einen Hochschullehrer in den Fünfzigern, erlebt, die ähnlich geschickt mit Kindern umgehen konnten. Ein Teil dieser Begabung, da bin ich mir sicher, besteht darin, den Kindern ein Gefühl der Kameradschaft zu vermitteln anstatt Lektionen zu erteilen. In der Schule nehmen Kinder Belehrung nicht übel, aber an Orten, wo unmittelbare Erfahrung möglich ist, sollte sie unterbleiben. Hier sind Geschichten gefragt, und der Erlebnisfaktor macht den Reiz des Ortes aus. Wahrscheinlich gibt es deshalb in Greenfield Village einen kurzen Einführungsfilm mit dem Titel *Ein Museum ist eine Geschichte*. Das klingt zum einen verlockend, zum anderen soll es wohl dem Wort »Museum« etwas von seiner Angestaubtheit nehmen; obwohl ich nicht glaube, dass Kinder dieses Wort so abschreckend finden, wie man es von Erwachsenen gemeinhin annimmt.

Albert Manucy, seit Langem Historiker im Castillo de San Marcos in St. Augustine, Florida, fragte mich, ob ich über die kindliche Fähigkeit, sich mit geschichtlichen Szenen zu identifizieren, nachgedacht hätte. Das habe ich, nicht zuletzt in seinem ausgezeichnet gestalteten Revier.

Diese Fähigkeit, so meine Überlegung, könnte vor allem davon herrühren, dass Kinder unglaublich viel sehen. Dass sich Erwachsene oft einbilden, alles zu überblicken, obwohl sie in der Tat nur wenig gesehen haben, ist nur zu bekannt. Wer einmal eine Wanderung mit einem quicklebendigen Elfjährigen unternommen hat und vom ständigen »Guck mal« ganz erschöpft zurückgekehrt ist, weiß, wovon ich rede.

Jedenfalls steht zwischen dem inneren und äußeren Tor des Castillo de San Marcos eine kleine Bronzekanone, die nach innen, auf den Exerzierplatz der Festung, gerichtet ist. Es vergeht kaum eine Führung mit Kindern, ohne dass ein- oder mehrmals die Frage gestellt wird: »Warum zeigt die dahin? Der Feind kommt doch aus der anderen Richtung.« Nie habe ich Ähnliches von einem Erwachsenen vernommen. Und meist waren es Kinder, die sich ob der Kanone verwirrt zeigten, die ohne Lafette auf dem Wehrgang der Festung liegt: »Wie kann man denn damit schießen?« Natürlich muss man hier berücksichtigen, dass Kinder gewöhnlich keine Hemmungen haben zu fragen, während sich Erwachsene oft nicht trauen, aus Angst, etwas Dummes zu sagen.

Um die kindliche Fähigkeit zur Identifikation mit dem Schauplatz der Geschichte in die richtigen Bahnen zu lenken, bieten einige Museen und Gedenkstätten inzwischen Anschauungsmaterial zur Vorbereitung an – Faltblätter, Broschüren, Kurzfilme zum Ausleihen und Ähnliches, altersübergreifend oder nach Mittel- und Oberstufe getrennt. Nach den Erfahrungen in Colonial Williamsburg, wo dies inzwischen Standard ist, bestätigen Lehrer, dass Schüler, die solches Vorbereitungsmaterial nutzen, die besseren Lernerfolge zeigen. Das ist nur zu natürlich. Obwohl die Programme in Williamsburg sehr kostenintensiv sind, möchte ich noch einmal betonen, dass auch Einrichtungen mit wenig Mitteln und Personal Ähnliches im kleinen Maßstab bereitstellen können. Ich wage zu behaupten, dass jedes Museum und jeder andere Ort, der Vergangenes lebendig machen will, sich in dem Maße bewähren oder aber in seiner Arbeit verzetteln wird, wie ihm eine kindgerechte Interpretation gelingt. Wenn wir die unbekümmerten Jüngsten, die auf der Höhe ihrer Aufnahmefähigkeit sind, nicht für unsere Schätze begeistern können, wie soll es bei den zerstreuten Erwachsenen gelingen, von denen jeder sein Bündel an persönlichen und gesellschaftlichen Kümmernissen mit sich herumschleppt?

Dieses Kapitel enthält kaum mehr als den Versuch, mit einigen persönlichen Beobachtungen die These zu untermauern, dass Interpretation für Kinder tatsächlich eigenen Gesetzen folgt und dass viele Interpreten und Institutionen diese Gesetze bereits sehr wirksam anwenden. Man schließe aus meinen Hinweisen nicht, dass ich in der Kinderpsychologie bewandert wäre; ich bin es nicht. Ich kann nur wiederholen, dass Interpretation für Kinder nach meiner Überzeugung ganz besondere Fähigkeiten erfordert. Das soll nicht heißen, dass ein begabter Interpret nicht auch Programme für Kinder *und* Erwachsene gestalten könnte; oder sogar auch für Jugendliche, diese heikelsten aller Besucher, die man in jüngster Zeit – ungerechtfertigt, wie ich glaube – fast schon wie eine eigene Unterart des *Homo sapiens* behandelt.[18]

Obwohl ich von den vielen Beispielen hervorragender zeitgenössischer Interpretation nur einige wenige erwähnt habe, möchte ich betonen, dass damit keine Wertung verbunden ist. Überall in unserem Land wird erstaunlich gute Interpretation für Kinder geboten. Was mir von den Einrichtungen zu Ohren kommt, die ich nicht besuchen konnte, ist sehr ermutigend, desgleichen meine ständig wachsende Sammlung von Programmheften, Broschüren, Frage-und-Antwort-Spielen und dergleichen mehr. Zu guter Letzt: Freuen wir uns über die schnell zunehmende Verbreitung und Qualität dieser Arbeit, aber vergessen wir nicht, auch die Interpretation für Erwachsene fortwährend zu verbessern.

GRUNDSATZ 1

Interpretation bleibt fruchtlos,
wenn sie das, was gezeigt oder beschrieben wird,
nicht in irgendeiner Weise mit der Persönlichkeit
oder Erfahrungswelt des Besuchers in Verbindung bringt.

Nationalpark Donauauen, Österreich

»Aus der Rinde der Weide
wurden früher Schmerzmittel gewonnen.«

Nationalpark Sächsische Schweiz, Deutschland

Originalplätze, hier mit einem Aquarell von Caspar David Friedrich aus dem Jahr 1826, schaffen starke Verbindungen.

Kelvingrove Museum, Schottland

Beschriftung des Exponats:
»Die letzte Wandertaube starb in einem amerikanischen Zoo am 1. September 1914 um 13 Uhr. Sie ist somit eine der wenigen Tierarten, von der wir den genauen Zeitpunkt der Ausrottung kennen.«

Im Zentrum des runden Raumes des Grant Grove Visitor Center befindet sich folgendes Exponat:

Sequoia National Park, USA

Sequoia National Park, USA

Winzige Samen aus den kleinen Zapfen lassen Sequoia-Bäume mit dem Durchmesser dieses Raumes (7,3 Meter) und größer entstehen.

GRUNDSATZ 2

Information an sich ist noch keine Interpretation.
Interpretation ist Enthüllung.
Sie beruht zwar auf Fakten und enthält Information.
Beides sind aber ganz verschiedene Dinge.

Nationalpark Gesäuse, Österreich

Besucherprogramm im Nationalpark Schleswig-Holsteinisches Wattenmeer, Deutschland

Stift Admont, Österreich

GRUNDSATZ 3

Interpretation ist eine Kunst,
die viele Fertigkeiten in sich vereint, gleich, ob sie sich
mit Natur, Geschichte oder Architektur beschäftigt.
Jede Kunst kann man bis zu einem gewissen Grad erlernen.

Nationalpark Gesäuse, Österreich

Schweizerischer Nationalpark, Schweiz

Mit den Augen einer Interpretin oder eines Interpreten gesehen, die Alleskönner und auf vielen Gebieten bewandert sind, erschließt sich den Gästen ihre natürliche Umgebung.

Nationalpark Hohe Tauern Kärnten, Österreich

Römerstadt Carnuntum, Österreich

Nationalpark Hohe Tauern Tirol, Österreich

GRUNDSATZ 4

Interpretation soll vor allem anregen, nicht belehren.

Die deutlichen Spuren des Klimawandels an Gletschern, wie der Pasterze, sollen zum Nachdenken über das persönliche Handeln anregen.

Nationalpark Hohe Tauern Kärnten, Österreich

Nationalpark Bayerischer Wald, Deutschland

Ist der Borkenkäfer unser Freund oder Feind?
Die Interpretin, der Interpret nutzt die Betroffenheit, stellt Beziehungen zum Umfeld der Gäste her und befähigt sie, sich durch ausgewogene Information eine eigene Meinung zu bilden.

Flanders Fields, Belgien

Auch Krieg ist Teil unseres kulturellen Erbes.
Interpretation hilft, aus der Vergangenheit für die Zukunft zu lernen.

GRUNDSATZ 5

Interpretation soll Ganzheiten vermitteln,
keine Bruchstücke.
Sie muss sich dem ganzen Menschen zuwenden,
nicht nur einem Teil von ihm.

Nationalpark Gesäuse, Österreich

Interpretation fördert die Erfahrung von Phänomenen mit Kopf, Herz und Hand.

Es zieht und pfeift durch alle Öffnungen –
im Loch Garten Osprey Centre ist bei der Beobachtung von Fischadlern die raue Lebenswelt am eigenen Leib deutlich spürbar.

Loch Garten Osprey Centre, Schottland

Brauerei »Het Anker«, Belgien

Die Brauerei »Het Anker« in Mechelen
lädt ein zu riechen, zu schmecken und zu fühlen,
welche Inhaltsstoffe einem Bier hinzugefügt werden.

Kinderprogramm im Nationalpark Schleswig-Holsteinisches Wattenmeer, Deutschland

GRUNDSATZ 6

Interpretation für Kinder (etwa bis zum zwölften Lebensjahr) soll keine vereinfachte Form derjenigen für Erwachsene sein.
Um erfolgreich zu sein, muss sie einem grundlegend anderen Ansatz folgen und sich eigener Programme bedienen.

Schweizerischer Nationalpark, Schweiz

Schweizerischer Nationalpark, Schweiz

Kinderprogramm im Schloss Eckartsau, Österreich

Zweiter Teil

8

Das geschriebene Wort

Ein Spaten wird dadurch nicht schärfer,
dass man ihn ein Geotom nennt.

NORMAN D. NEWELL

Dieses Kapitel ist kein Lehrgang für das Verfassen von Schildern, Schautafeln, Beschriftungen und Broschüren. Es bietet lediglich Gedanken und Beispiele, die in Übereinstimmung mit den im ersten Teil entwickelten Grundsätzen stehen.

Eines Tages, da bin ich mir sicher, wird es für die Mitglieder des National Park Service und anderer Organisationen, die sich mit der grafischen Umsetzung von Interpretation beschäftigen, ein Forum geben, das in mindestens vier Regionen der Vereinigten Staaten regelmäßige Treffen abhalten wird. Hier werden die Verantwortlichen zusammenkommen, um Erfahrungen auszutauschen, Beispiele zu betrachten, ihre eigenen Werke zur Diskussion zu stellen und mindestens einen Vortrag eines Teilnehmers zu hören, der auf diesem schwierigen Gebiet des Ausdrucks schon weiter fortgeschritten ist. Wer auch immer das sein wird, er wird sicher freimütig bekennen, dass er selbst noch ein Lernender ist. Dieses Thema ist so komplex, dass es ein Einzelner wohl nie vollständig beherrschen wird. Um etwas weiter auszuholen, möchte ich erwähnen, dass ich mir vor vielen Jahren, fasziniert von den Herausforderungen der Interpretation, die Aufgabe stellte, Inschriften zu sammeln und zu untersuchen. Was ich damit im Speziellen meine, sind relativ kurze Botschaften, im Freien oder in Gebäuden anzutreffen, die mehr als bloße Information vermitteln wollen.

Ich begann mit griechischen Epigrammen, und ich muss gestehen, dass meine Ausbeute hier recht dürftig war, denn die Inschriften der Griechen, selbst wenn sie humorvoll gemeint waren, sind vor allem kleine poetische Kostbarkeiten und waren auch als solche gedacht. Aus einem Grund jedoch verdient diese Kunstform unsere Aufmerksamkeit: Sie schafft es, in wenigen Worten eine abgeschlossene und bewegende Geschichte zu erzählen. Erwähnenswert ist das berühmte Epigramm des Simonides über die Schlacht bei den Thermopylen – damals vor Ort in eine Stele eingraviert –, dessen ursprüngliche Eleganz natürlich keine Übersetzung ganz erfassen kann:

Wanderer, kommst Du nach Sparta, verkündige dorten, du habest
uns hier liegen gesehen, wie das Gesetz es befahl.[19]

Dem griechischen Reisenden bedeutete dieser Zweizeiler mehr als seitenlange historische Ausführungen – kein Wunder, dass ihm beim Lesen die Tränen kamen.

Ein weiteres Beispiel klassischer Inschrift soll genügen: Wer in die Londoner St. Paul's Cathedral kommt und weiß, dass sie von Sir Christopher Wren erbaut wurde, erwartet wahrscheinlich entweder eine Bekanntmachung dieses Inhalts oder eine Statue des Architekten. Stattdessen grüßen uns die lakonischen Worte: »Si monumentum requiris, circumspice.« (Wenn du mein Denkmal suchst, sieh dich um.)

Neben dieser bescheidenen Inschrift würde jede protzige Tafel mit einer Aufzählung von Sir Wrens Taten verblassen.

Wir sollten jetzt zunächst klären, welchen Platz Beschriftungen jedweder Art im Konzept der Interpretation einnehmen. Sie sind ein Grundpfeiler, darüber kann es keinen Zweifel geben. Für Millionen von Besuchern sind sie das Erste, was sie wahrnehmen – und für viele leider auch das Einzige. Besonders in Gebieten, die aufgrund ihres hohen Wertes für die Wissenschaft unter Schutz gestellt worden sind, können in einer nicht geläufigen Fachsprache verfasste Schilder das Interesse des Besuchers zum Abkühlen bringen. Wer ein Schild oder eine Beschriftung nicht sofort versteht, kommt leicht zu dem Schluss, dass ihm die Beschäftigung mit dem Gegenstand keine Erfüllung bringen wird.

Ein Wegweiser kann mit roter Kreide auf ein Brett gekrakelt sein; das ist besser als nichts. Er erfüllt seinen Zweck, indem er eine wichtige Information liefert. Anders bei Interpretationstexten. Ich habe viele Schautafeln gesehen, die schlechter waren als gar keine. Zum Beispiel diese, die nicht wirklich existiert, aber zur Aufstellung an den Salzbecken des Death Valley vorgeschlagen wurde: »Die Überreste des pleistozänen Manly-Sees lassen heute Grundwasser in einer Tiefe von einem bis mehreren Metern unter der obersten Salzschicht anstehen …«

Was soll der geologisch ungebildete und mit den Verhältnissen vor Ort nicht vertraute Besucher mit dieser Inschrift anfangen? Sie kommt ihm mit dem Pleistozän, von dem er sicher nur eine ganz verschwommene Vorstellung hat, und mit einem See, von dem er nie gehört hat und den es – außer in der unsichtbaren Bodenschicht unter der salzverkrusteten Oberfläche – gar nicht gibt. Death Valley gilt als »Paradies des Geologen«. Auch für Nichtgeologen kann es ein zauberhaftes Land sein, aber nicht, wenn man so beginnt.

Ich erinnere mich an eine Vitrine in einem Museum irgendwo in den Südstaaten, die Kriegsgerät aus der Zeit des Bürgerkriegs enthielt – Pistolen und andere Dinge. Die Beschriftung sprach von »Artefakten«, vom Menschen hergestellten Gegenständen also, und natürlich ist das korrekt. Aber eigentlich sind es einfach Gegenstände, Objekte oder Fundstücke, und jedes hat einen eigenen, verständlichen Namen. Warum also den Besucher mit einer Aufschrift verwirren, die ihn denken lässt, er habe es mit etwas ganz Rätselhaftem zu tun?

Diese Beispiele führen uns zu dem Thema, das ich jetzt diskutieren möchte: der Geistesverfassung und den Grundgedanken, aus denen gute Inschriften und Texte entstehen. Wer Material für die schriftliche Interpretation erstellt – und für die mündliche gilt das natürlich ebenfalls –, arbeitet in zwei Schritten: Nachdenken und Ausarbeiten. Es dürfte einleuchtend sein, dass der erste Schritt der wichtigere ist. Die Früchte gründlichen Nachdenkens kann auch eine holprige Umsetzung niemals ganz verderben. Auf der anderen Seite führt selbst eine brillante Komposition zu wertlosen oder gar schädlichen Ergebnissen, wenn die zugrunde liegenden Gedanken nichts taugen. Außer in den seltenen Fällen wirklicher Inspiration würde ich annehmen, dass ein brauchbarer Interpretationstext durch 90 Prozent Nachdenken und 10 Prozent Ausarbeitung entsteht. Inspiration ist gewöhnlich das Echo solider und harter Arbeit.

Nachdenken

Der wahrscheinlich verbreitetste Fehler beim Erarbeiten von Interpretationsmaterial aller Art ist, dass der Interpret von der Frage ausgeht: »Was möchte ich aussagen?« Es ist aber an diesem Punkt noch vollkommen unwichtig, was er sagen will; so weit sind wir noch nicht. Wichtig ist, was der potenzielle Betrachter lesen will, und wie man ihm in kurzen, fesselnden und inspirierenden Worten den Gegenstand greifbar machen kann: in einer Sprache, die er versteht.

Ich habe für mich festgestellt, dass es von großem Vorteil ist, wenn ich mir beim Schreiben einen Bekannten vorstelle, an den ich mich wende. Zu Zeiten, als ich viel vor Publikum sprach, fand ich es hilfreich (und andere Redner haben mir Ähnliches erzählt), mir ein gut gelauntes, aufgeschlossenes Gesicht unter den Zuhörern zu suchen und direkt zu ihm oder ihr zu sprechen. Man wird dadurch lockerer und legt den offiziellen Tonfall ab.

Es ist kaum nötig zu erwähnen, dass die vorbereitende Gedankenarbeit erstens von der Liebe zum behandelten Gegenstand und zweitens von einem lebhaften Interesse für Menschen getragen sein muss. Es gilt: Was ohne Begeisterung geschrieben ist, wird auch ohne Interesse gelesen.

Auf jeden Fall sollte man sich vor Augen führen, wie die erste Begegnung des Besuchers mit dem Text ablaufen wird. Nutzbringend, aber nicht unbedingt notwendig ist es für den Interpreten, die Stelle zu kennen, an der sein Text platziert werden soll. Bei einigen Orten, an denen unweigerlich immer wieder dieselbe Frage gestellt wird, wie am Badwater Basin[20] im Death Valley, kann das jedoch eine große Hilfe sein.

Wichtiger ist es aber, sich als Interpret die entscheidenden Fragen zu stellen: »Was ist die Schlüsselidee dieses Ortes? Warum ist er schützenswert?« Deshalb habe ich in der Vergangenheit öfter einen »Leittitel« vorgeschlagen, den man als Pendant zum Titel eines Buches sehen kann; alle anderen Schilder und Beschriftungen entsprächen dann den Kapitelüberschriften. Das kann man nicht an jedem Ort und in jedem Gebiet machen; manche lassen *nur* einen Leittitel zu. Der Verantwortliche für das Schutzgebiet oder Museum weiß sicher am besten, wo der Leittitel platziert werden sollte. In manchen Fällen wird das ein Besucherzentrum sein, in anderen der Ort, wo sich die meisten Leute versammeln. Gewiss darf sich aber weder dieser Leittitel noch irgendein anderer Hinweis zwischen den Besucher und das Objekt drängen, das ihn beeindrucken und erfreuen soll. Und es gibt Orte, an denen man besser gar keine Schilder aufstellt. Natur – und auch Kunst – kann manchmal besser für sich selbst sprechen als jeder Interpret. Auf dem kahlen Gipfel des Mount Cadillac im Acadia National Park möchte ich niemals ein Hinweisschild sehen.

Manchmal ist ein Zitat besser als jede textliche Neuschöpfung geeignet, den Leser in die richtige Stimmung zu versetzen. Die Gedenkinschrift für die Minute Men[21] auf einem Felsblock im Lexington Battle Green ist ein gutes Beispiel:

Hier standen die Minute Men
19. April 1775

Haltet die Stellung
Schießt nicht als erste
Aber wenn sie Krieg wollen
Dann soll er hier beginnen

Hauptmann Parker

Kann man sich passendere Worte vorstellen, um an den Ausbruch des Unabhängigkeitskrieges zu erinnern?

Oder gehen wir in die herrlichen Brookgreen Gardens in South Carolina, wo die Familie Huntington das weltgrößte Freiluftmuseum der Bildhauerei begründet hat. Im Schatten immergrüner Eichen grüßen uns hier die Zeilen aus Franz von Assisis Sonnengesang:

Gelobt seist du, mein Herr, mit allen deinen Geschöpfen,
zumal der edlen Herrin, Schwester Sonne;
sie ist der Tag, erleuchtet uns durch dich.
Und schön ist sie und strahlt in großem Glanze,
sie trägt dein Zeichen, Allerhöchster.

Als ich kürzlich eine Biografie Alexander von Humboldts las, stieß ich auf ein Zitat, das in unseren Zeiten der Angst und Frustration großen Zuspruch finden könnte: »Darum versenkt, wer im ungeschlichteten Zwist der Völker nach geistiger Ruhe strebt, gern den Blick in das stille Leben der Pflanzen ... wenn jede Blüte des Geistes welkt, ... so entsprießt ewig neues Leben aus dem Schoße der Erde.«[22]

Irgendwie gaben mir diese Sätze Kraft; wenn ich in einem stillen Wald, auf einer abgelegenen Wiese, deren ich so viele kenne, auf sie gestoßen wäre, ich hätte ganz bestimmt die Schultern gestrafft und ein Quäntchen neuen Mut geschöpft. Und als Interpret frage ich mich: Warum sollte das nicht auch anderen so gehen, wenn ich doch nur einer von vielen bin?

Dennoch ist es mit dem Zitieren so eine Sache: Tausend kluge Dinge sind gesagt worden und verdienen es, festgehalten zu werden, aber nur selten wird man ein Zitat finden, das genau auf die jeweilige Situation passt. Und es ist natürlich nur zu menschlich, nach einem Zitat als Notlösung zu suchen, wenn man bei der schweißtreibenden Arbeit an einer Beschriftung nicht weiterkommt.

Eines der erlesensten Schilder, die ich kenne, steht im Forest Reserve District von Cook County in Illinois und wurde von Bob Mann verfasst:

Ich bin eine alte Landstraße
Sie haben mich planmäßig
Geschlossen und zurückgebaut
(Ich mochte ohnehin keine Autos)
Ich lade dich zum Wandern ein –
Wie es deine Vorfahren taten
Sei nett zu meinen Bäumen
Den Blumen und dem wilden Tier

Welch Einladung für müde, ruhelose, verwirrte und abgestumpfte Seelen! Bob schrieb mir im Scherz, das Schild sei »unter Bier« entstanden. Es ist mir aber egal, ob es in einer flüchtigen Laune hingekritzelt oder mit Bedacht ausgearbeitet wurde. Ich weiß – und es geht hier nicht um die Ausarbeitung, sondern um die Denkweise –, dass solche Zeilen nur einer lang gehegten Naturliebe und einem tiefen Verständnis für die Natur wie für die Menschen und ihre Bedürfnisse entspringen können.

Diese kurzen Anmerkungen werden vielleicht schon ausreichen, um zu verdeutlichen, dass ein gründliches Nachsinnen über das Thema, die jeweiligen Umstände und über den Menschen in seiner Unvollkommenheit unverzichtbar ist, bevor man zu schreiben beginnt. Ich glaube, es läuft darauf hinaus, dass man den Gegenstand lieben und mit seinen Mitmenschen auf einer Wellenlänge liegen muss. Was folgt, ist die Ausarbeitung. Sie ist nicht einfach, verlangt nüchterne kritische Betrachtung und rücksichtslose Korrekturarbeit, ist voller Fallstricke und gespickt mit Tretminen und Blindgängern – aber welche Freude, wenn man ins Schwarze getroffen hat! Das Ergebnis wird trotzdem von der Qualität des Vordenkens bestimmt.

Ausarbeitung

Was die Formulierung guter Inschriften so anspruchsvoll macht, ist die Forderung nach Kürze. »Einen Roman kann jeder schreiben«, sagte mir ein berühmter Publizist einmal, »aber gute Kurzgeschichten können nur wenige.« Das ist zwar bewusst überspitzt formuliert, denn beileibe nicht jeder kann einen guten Roman verfassen, es steckt aber eine bedeutsame Wahrheit darin.

Schautafeln, Beschriftungen und ähnliche Interpretationshilfen werden normalerweise im Stehen gelesen, außer den wenigen, die dafür gedacht sind, vom Auto aus betrachtet zu werden. An dieses Lesen im Stehen ist kaum jemand gewöhnt, außer vielleicht Pendler, die auch in der vollen U-Bahn nicht auf ihr Buch verzichten können. Am Ausgangspunkt eines Lehrpfades am Blue Ridge Parkway[23] sah ich einen großen verglasten Schaukasten, der in handgeschriebenen Großbuchstaben einen Text von mehreren Hundert Wörtern enthielt. Die Worte waren geistreich und wohlgesetzt, sie waren im bodenständigen Stil der Bergbewohner verfasst: einer der besten Texte, die ich seit Langem gelesen hatte. Ich war begeistert, aber die meisten Besucher schauten nur kurz hin und wandten sich dann wieder ab. Zu lang, und dann die Großbuchstaben! Außer in Überschriften sind sie für die meisten Leser ein Ärgernis. Das Auge wehrt sich dagegen.

Natürlich ist Kürze relativ. Was in einem Fall knapp klingt, ist in einem anderen schon zu umfangreich. Allgemein könnte man sagen, dass Stätten, die vor allem von Tagesgästen besucht werden, sich kürzer fassen sollten als solche, deren Besucher mehr Zeit und Muße mitbringen. Im Death Valley kam ich zu dem Schluss, dass die Schilder und Schautafeln dort ruhig etwas ausführlicher sein könnten als anderswo, wenn es das jeweilige Thema hergibt.

Es gibt drei Arten von Kürze, die ihren Zweck verfehlen. Die eine ist der Telegrammstil, der Artikel und selbst »richtige« Wörter auslässt. Erst kürzlich habe ich eine aufwendig hergestellte, ansonsten sehr schöne Bronzetafel gesehen, die durch solch geschmacklose Kurzschrift verdorben war. Die andere Art entsteht dadurch, dass im Drang nach größtmöglicher Knappheit die eigentliche Botschaft untergeht. Ein gewisses Mindestmaß an Worten sollte man dem Schreiber zugestehen, auch wenn es ansonsten wünschenswert ist, alles Überflüssige zu vermeiden. Die dritte Art resultiert eigentlich aus mangelnder Vorüberlegung, weniger aus falscher Zusammenstellung des Textes, wenn zum Beispiel ein Schild eine Aussage enthält, die erklärt werden müsste, die Erklärung aber im Bestreben nach größtmöglicher Kürze weggelassen wird. Ein Beispiel dafür sah ich im Montezuma Castle National Monument.[24] Dort heißt es auf einem Schild: »Montezuma Castle ist ein sprachlicher Fehlgriff«. Zwar stimmt es, dass der Aztekenherrscher Montezuma nichts mit diesem Ort zu tun hatte, aber die Inschrift ist wenig hilfreich, wenn sie nicht erklärt wird; wahrscheinlich hätte man sie am besten ganz weglassen sollen. Solche Informationen lassen sich besser in Faltblättern und Broschüren unterbringen, wo genügend Platz für eine Erklärung ist. Ronald Lee zeigte mir eine Inschrift, die er irgendwo im Südwesten gefunden hatte:

Hier stand vor 1680 ein Gebäude.
Im großen Aufstand
der Pueblo-Indianer
wurde es zerstört.
Dieses Haus birgt alles,
was davon geblieben ist.

Das ist kurz und knapp und nach allem, was ich über das Gebäude weiß, passend. Der folgende Text dagegen wirkt durch seine Kürze blutleer und lässt den Leser kalt. Es fehlen jedoch nur ein paar Worte, um ein packendes Bild entstehen zu lassen:

Dieser Stein
markiert die Stelle
wo
Daniel Webster
auf dem Parteitag
der Whigs
am 7. und 8. Juli 1840
zu etwa 15 000 Menschen
sprach.
Errichtet vom Stratton Mountain Club

Der Parteitag der Whigs war keiner, wie ihn Parteien heute abhalten, aber das ist nicht der eigentliche Fehler der Inschrift. Das Schild wirkt leblos. So bemerkenswert, wie die politische Versammlung war, an die es erinnert, könnte es wesentlich lebendiger sein.

Versuchen wir es zu beleben. Daniel Webster begann seine Rede an diesem Ort mit den Worten: »Von über den Wolken spreche ich zu euch.« Da also seine Eröffnung schon das Bild einer großen Menschenmenge auf einem hohen Berg heraufbeschwört, warum fangen wir nicht mit diesem Zitat an?

»Von über den Wolken spreche ich zu euch …«
Hier sprach
Daniel Webster,
Staatsmann und großer Redner,
vor 15 000 Menschen,
die auf Heuwagen,
Fuhrwerken
und zu Fuß
zur Wahlversammlung
von »Tippecanoe« Harrison,
Präsidentschaftskandidat,
im Juli 1840
gekommen waren.

Abgesehen davon, dass heute kaum noch jemand weiß, wer die Whigs waren, William Henry Harrison aber den meisten geläufig ist: Der Text kommt jetzt in Bewegung. Wenn 15 000 Menschen mühsam auf einen hohen Berg kletterten, um eine Rede zu hören, war das kein Pappenstiel. Man nahm damals Politik sehr ernst.

Solche Bewegtheit im Geschriebenen, wo sie denn möglich ist, zeigt immer große Wirkung. Ein Beispiel aus dem Franconia Notch State Park in New Hampshire:

Das Becken

In Jahrhunderten entstand hier
ein Strudelloch durch das Wirken
eines großen Steins,
der sich in einer Vertiefung
des granitenen Flussbetts
im Strom des rauschenden,
wirbelnden *Wassers*
drehte *und* wendete.

Die Hervorhebungen stammen selbstverständlich von mir. Vier Verben – und ich glaube nicht, dass dieses grammatische Mittel hier übertrieben ist – führen dem Besucher die Entstehung des Strudellochs vor Augen wie eine Filmaufnahme.

Auch Bilder können Bewegung verkörpern. Auf dem Highway 24, wo er bei Divide den Ute-Pass überquert, steht ein Schild mit der Aufschrift »Nach Cripple Creek«.[25] Darunter ist ein Goldgräber mit seinem Packesel abgebildet und ganz unten steht geschrieben: »Größte Goldgräberstadt der Welt«. Das Bild bringt das Ganze in Bewegung.

Humor

Jetzt kommen wir zu einem der heikelsten Wesenszüge guten Schreibens: dem Humor. Wir sind uns sicher darüber einig, dass er taktvoll, geschickt und nur dort, wo er passt, eingesetzt werden sollte. Komik am falschen Platz kann einen Text auf traurige Weise entstellen. Aber wenn es Gegenstand und Stimmung erlauben, wird guter Humor die meisten Leser verzaubern.

Was ist Humor eigentlich? »Eine Mischung aus Liebe und Witz«, meinte William Makepeace Thackeray. Witz allein wirkt oft lieblos und bissig. Wortwitz dagegen, die Beschreibung des Skurrilen, die Situationskomik, diese Arten von Humor erzeugen beseligtes Schmunzeln.

Aus der Zeile »Ich mochte ohnehin keine Autos« auf Bob Manns Landstraßenschild funkelt Humor: Bob gibt der Straße einen Charakter und lässt sie ihr Herz auf der Zunge tragen.

An den Highways von Montana gibt es Hinweistafeln mit humorvollen Anspielungen, die schon manchen Reisenden aufgeheitert haben und bundesweit stärker gewürdigt werden sollten. Auf einem dieser Schilder heißt es: »Früher ritt man auf Pferden und genoss die Landschaft. Mancher wünscht sich diese Zeit zurück.« Ein kleiner Schuss Nostalgie, der jeden anspricht, denn wir sind so gefangen im Netz der Technologie, dass wir uns alle ein wenig nach Pferderomantik und Sandkastenspiel zurücksehnen.

»Es gibt Zeitgenossen«, schreibt Emerson in einem Essay über Kultur, »die völlig unempfänglich für Humor sind, für bildhafte, doppel- und hintersinnige Wörter; Menschen, die man siebzig Jahre lang ohne Ergebnis mit Dichtung, Musik, Rhetorik und Witz überschütten kann. Solchen Leuten kann nicht geholfen werden, von den besten Ärzten und Seelsorgern nicht.«

Von Emerson als studiertem Philosophen würde man eher nichts Spaßiges erwarten, und tatsächlich schreibt er auch nicht *lustig*. Aber man lese in seinem Essay zum Wohlstand die Passage über den blassen Intellektuellen, der mit rauchendem Kopf und dem festen Vorsatz in den Garten geht, »seine Gedanken zu ordnen«, sich beim Unkrautjäten wiederfindet und schließlich feststellt, dass ihn »der Löwenzahn überrumpelt hat« – das ist feinster Humor, geeignet, ein unbändiges Kichern hervorzurufen.

Für Inschriften gilt, dass sie leicht, aber nicht leichtfertig geschrieben sein sollen. Wer diesen Unterschied verinnerlicht hat, wird nicht in den Fehler verfallen, Kitsch aufzutischen. Leichtigkeit im Schreiben ist wie ein Sonnenstrahl. Als Beispiel hier die Inschrift auf einem Obelisken in Quebec, der den britischen Generalmajor Wolfe und den französischen Marquis de Montcalm zugleich ehrt: »Ihre Tapferkeit bescherte ihnen das gleiche Ende, die Geschichte gleichen Ruhm und die Nachwelt das gleiche Denkmal.«

Hier wird ein vornehmes Thema auf vornehme Weise angegangen; aber im Gegensatz zu den vielbekannten kalten und düsteren Inschriften hat diese etwas Leichtes, das wir allerdings dem Esprit der französischen Sprache verdanken, in der das Original verfasst ist. Ich gebe zu, dass dieses Thema insgesamt sehr schwierig ist. Entweder man hat Sprachgefühl oder man hat es nicht. Wer den Unterschied zwischen leichtem und schwerem Geschütz und die feinen Schattierungen des Ausdrucks nicht wahrnimmt, sollte sich noch nicht an solchen Inschriften versuchen.

Das folgende fiktive Schild möchte ich vor den Toren einer Oase aufgestellt wissen, wo die üppige Vegetation von Wüstenpflanzen abgelöst wird. Hier ist absolut kein Platz für Humor. Wir wollen den Reisenden einweihen und warnen. Aber man kann das auf leichte Art tun:

Die Wüste ist eine strenge, aber gerechte Mutter. Mitleid zeigt sie selten. Alle Pflanzen, die du hier siehst, haben über Generationen hinweg gelernt zu überleben, sich vor Hitze und Trockenheit zu schützen – jede auf ihre Art. Auch du, wenn du sicher durch die Wüste reisen willst, musst ihre Weisheit beherzigen.

Nur wer ernste Themen mit leichter Feder beherrscht, ohne der Albernheit zu verfallen, sollte sich auch an Humorvolles heranwagen. Mehr muss man dazu eigentlich nicht sagen.

9

Vom Damals ins Heute

Es war immer sein Motto, dass Geschichte viel dazu beiträgt, ... eines Mannes Leben zu ordnen, und er hielt sie in mancher Hinsicht für geeigneter zu diesem Zwecke als die Philosophie. Denn die Philosophie lehrt uns durch Worte; aber die Geschichte ergreift uns mit dem Beispiel der Tat und lässt uns an vergangenen Zeiten und Ereignissen teilhaben.

PIERRE GASSENDI ÜBER NICOLAS DE PEIRESC

Obwohl auch jedes Naturschutzgebiet irgendeinen Bezug zur Geschichte hat, soll es in diesem Kapitel vorrangig um die historischen und prähistorischen Gebiete des Nationalparksystems gehen und um all die öffentlich und privat betriebenen Häuser und Stätten, in denen Interpreten versuchen, mit dem Besucher auf Zeitreise zu gehen und ihm die Menschen und Geschehnisse der Vergangenheit nahezubringen.

Zu den Wildnisgebieten sei so viel gesagt: Die reichsten Eindrücke unberührter Natur werden von ihren Millionen Besuchern wohl diejenigen bekommen, die sich bis zu einem gewissen Grad in die Fußstapfen der ersten Siedler des Westens begeben – heute selbstverständlich eine abgeschwächte Erfahrung, der meisten Gefahren und Härten beraubt. Zelten ist gewiss ein Weg, an diesen Erfahrungen teilzuhaben, eher als das Reisen im Auto; aber nur wer die ausgetretenen Pfade verlässt und das Hinterland betritt, wird wirklich partizipieren. Um das seltsame Wort »Partizipation« wird es auf den folgenden Seiten noch genauer gehen. Auch wenn die wenigen Unerschrockenen, die sich der beglückenden Erfahrung absoluter Freiheit und Eigenverantwortung in der Wildnis hingeben, sich heute nicht mehr von der Natur ernähren müssen wie die Bergbewohner und ersten französischen Entdecker, werden sie einen lebhaften Eindruck der Härten des Siedlerlebens mit nach Hause nehmen.

Eine ganz andere Art von Erfahrung ist es, Orte zu besuchen, die durch die Handlungen von Männern und Frauen berühmt und schützenswert geworden sind; die Geschichten von Mut und Opferbereitschaft erzählen, von unerschrockener Vaterlandsliebe, staatsmännischer Würde und Erfindergeist, von traditioneller Lebensweise und Landnutzung und von bewaffneten Kämpfern, die ihren Idealen bis ins Tal der Schatten folgten. Solche Orte können von großer Schönheit und auf kunst- und geschmackvollste Weise ausgestaltet und eingerichtet sein – was zählt, ist, dass sie das Leben und Tun von Menschen verkörpern, und auch eine ärmliche, spartanisch eingerichtete Blockhütte in karger Umgebung kann diese Funktion erfüllen. Der Interpret, wenn er ein historisches Gebäude vorstellt, muss also vor allem versuchen, sein Haus zu *bevölkern*. Architektur und Möblierung sind wichtig; der Besucher wird sie bewundern und seine Schlüsse daraus ziehen. Die Kunst besteht aber darin, sie nicht so aussehen zu lassen, als wären sie in Abwesenheit der Bewohner erstarrt.

Die Ruine aus grauer Vorzeit sollte es irgendwie schaffen, beim Besucher den Eindruck zu erwecken, als könnten ihre prähistorischen Bewohner jederzeit zurückkommen, von ihr Besitz ergreifen, und das Leben ginge weiter – mahlende Mörser, Kindergeschrei, Liebesakt und Festgelage. Nicht, dass man das allzu wörtlich nehmen sollte. Es geht um ein Gefühl, das der Besucher haben soll. Die Schlachtfelder des großen amerikanischen Bruderkrieges waren keine bloßen Schachbretter, wo Strategie und Taktik gepflegt und Regimenter wie Figuren bewegt wurden, keine Schaltpulte, wo ein Knopfdruck eine Handlung auslöst. Sie waren erfüllt von menschlichen Gedanken und Handlungen, Idealen und Erinnerungen, von Spaß und Gesang am Vorabend der tödlichen Schlacht; von Menschen, nicht von Armeen. Denn wir Amerikaner sind die Nachfahren von Männern und Frauen, nicht von Bataillonen.

Das bezaubernde Adams-Haus[26] in Quincy, Massachusetts, beherbergte mehrere Generationen von Mitgliedern einer unserer außergewöhnlichsten Familien: nonkonformistische Intellektuelle, nach außen hin unauffällig, aber allesamt erklärte Individualisten, wie man sie nur selten so ausgeprägt findet. In Oregon City liegt die Heimstätte von John McLoughlin, dem »Vater von Oregon«; auch er ein einsamer Streiter, aber welcher Unterschied zu den Adams! In Hyde Park, New York, haben Frederick Vanderbilt und Franklin Delano Roosevelt gewohnt, die jeder für sich einen fest umrissenen Lebensentwurf aus einem bestimmten Teil unserer Geschichte repräsentieren. Aber unabhängig von Ort und Zeit bleibt das Ziel der Interpretation, wenn sie sich der menschlichen Geschichte zuwendet, stets dasselbe: dem Besucher nicht nur ein Haus, eine Ruine oder einen Kampfplatz vor Augen zu führen, sondern ein von Leuten bewohntes Haus, eine prähistorische Wohnstätte echter Menschen, einen Kampfplatz, auf dem die Uniformen nur ein – wenn auch wichtiges – Beiwerk ihrer Träger sind. Ich erinnere mich an ein Bild, das mich einst erschüttert hat. Es zeigte die zerlumpten Überreste eines besiegten Verbands der Konföderierten, wie sie an ihrem Offizier vorbeitrotten, der auf einem kleinen Hügel neben der Straße steht, und tapfer versuchen, mit dem Rest von Kampfgeist, der ihnen verblieben ist, zu salutieren. Kaum einer hatte eine komplette Uniform am Leib. »So war der Krieg«, sagte ich mir.

Ich werde das nicht weiter ausführen. Jeder verständige Interpret weiß so gut wie ich, worauf es ankommt: die Vergangenheit auferstehen zu lassen und uns verwandt zu machen. Die Frage ist, wie man dieses erstrebenswerte Ziel erreicht. Es ist beileibe nicht einfach, im Gegenteil: Hunderte von materiellen Hindernissen stehen der erwünschten Intimität zwischen Besucher und Gegenstand entgegen. Exponate sind oft empfindlich, und viele vertragen keine unbedachte Benutzung; oft sind es unersetzliche Schätze. Vandalismus ist zu befürchten. Man kann auch keine allgemeinen Regeln aufstellen, denn was in einem Fall akzeptabel oder wünschenswert ist, kann in einem anderen schnell verheerende Schäden anrichten. Wir müssen also in der Interpretation ständig nach Wegen und Mitteln suchen, das Damals ins Heute zu übersetzen, zur Erbauung unserer Besucher, und zwar so, wie es die Bedingungen vor Ort erlauben.

Zwei häufig diskutierte Methoden des Interpretierens sind Demonstration und Partizipation. Diese wollen wir uns näher ansehen, und vielleicht können wir eine dritte hinzufügen.

Demonstration

Dr. John Merriam zitiert an einer Stelle genüsslich einen Fall aus dem Mittelalter, in dem die Beteiligten auf Theorie und Definitionen beharrten, obwohl eine einfache Demonstration das Problem auf einen Schlag gelöst hätte. Eine Gruppe von Gelehrten diskutierte lebhaft über die Frage, wie viele und was für Zähne ein Pferd besäße. Literatur wurde zitiert, Autoritäten ins Feld geführt, und die Diskussion schlug hohe Wellen ohne Ergebnis, bis jemand unvermittelt vorschlug, hinauszugehen und nach einem Pferd zu suchen.

Demonstration bedeutet, »das Pferd in die Stube zu holen«. Man kann mir stunden- oder seitenlang erzählen, wie Mehl zwischen zwei von einem wassergetriebenen Mühlrad in Drehung versetzten Steinen gemahlen wird, und dennoch wäre mir nicht richtig klar, was dabei wirklich passiert. Wenn ich den Vorgang aber in der Mabry's Mill am Blue Ridge Parkway, im Rock Creek Park in Washington, D.C. oder im Spring Mill State Park in Indiana gesehen habe, ist meine Neugier befriedigt. Seien wir uns bewusst, dass unser Land so verstädtert ist, dass Millionen von Kindern und Erwachsenen noch nie gesehen haben, wie eine Kuh gemolken wird.

Das American Iron and Steel Institute hat in Saugus, Massachusetts, am ursprünglichen Ort und in detailgetreuer Nachbildung, die erste funktionierende Eisenhütte Amerikas rekonstruiert. In bestimmten Abständen (denn das Wasser des Saugus River muss sparsam genutzt werden) wird die gesamte Ausrüstung, die Maschinerie des Walz- und Spaltwerks, nicht nur gezeigt, sondern in Bewegung gesetzt. Im Farmers' Museum in Cooperstown können Tausende von begeisterten Besuchern die althergebrachten Verfahren des Flachsbrechens, Webens und Kerzenmachens beobachten; um die Demonstration noch eindrucksvoller zu machen, hat man sogar in der Nähe eine kleine Fläche mit Flachs bepflanzt.

Auf dem Dach des Castillo de San Marcos in St. Augustine liegen mehrere Kanonenrohre aus früherer Zeit, die so ausgerichtet sind, dass sie keine Wirkung erzielen können. Hier fehlt ganz offensichtlich etwas. Man muss dem Besucher erklären, dass die Kanonen hier nur abgelegt und so, wie sie liegen, unbenutzbar sind. Als ich die alte spanische Festung das letzte Mal besuchte, versuchte ihr Leiter gerade, Gelder zu bekommen, um einige dieser Kanonen auf Lafetten montieren und so ausrüsten zu lassen, dass man ihren Einsatz demonstrieren könnte. Eine solche Demonstration, wenn sie den ganzen Vorgang bis zum Moment des Abfeuerns zeigte, wäre äußerst erleuchtend.

Es gibt, wiederum im Castillo de San Marcos, ein anregendes Beispiel dafür, wie Demonstration zu Partizipation werden kann, sodass man beide Elemente gleichzeitig bekommt. Seit vielen Jahren wird bei Führungen am Eingang zu einem der Magazine Station gemacht, der von einer ausgeklügelten Dreipunktverriegelung gesichert wird, und die Führer werden nicht müde, das Interesse der Besucher zu wecken, indem sie demonstrieren, wie die Verriegelung betätigt wird. Eines Tages machte einer der Ranger ein Experiment: Nachdem er gezeigt hatte, wie es geht, lud er einen der Teilnehmer ein, es selbst zu versuchen. Die Wirkung war sehr anregend. Obwohl nur eine Person direkt partizipieren konnte, hatten die übrigen Besucher ein wenig das Gefühl, dabei mitzuhelfen. Einer der Führer erzählte mir auch von einer unerwarteten Nebenwirkung dieses kleinen Kniffs: »Die Demonstration an dieser Tür führt anscheinend auch dazu, dass sich die Gruppe für den Rest der Tour näher bei mir hält«, sagte er.

Eine der genialsten Methoden der Demonstration habe ich im Desert Museum in Phoenix, Arizona, gesehen. Wie Pflanzen die furchtbare Trockenheit des heißen Wüstensommers überstehen, ist oft vorgetragen und in der Literatur beschrieben worden. Aber hier wurde am konkreten Beispiel des Saguaro-Kaktus eine gute Interpretationsidee umgesetzt: Die Wurzeln der Pflanze sind teilweise freigelegt und mit einem Thermometer versehen, das zeigt, wie sie ihre Temperatur beständig unter der Lufttemperatur hält. Das ist eine äußerst wirkungsvolle Demonstration, und obwohl sie von sehr spezieller Art ist, zweifle ich nicht im Geringsten daran, dass man in unseren Wildnisgebieten noch viele ähnliche Dinge umsetzen könnte.

Einmal, im Big Bend National Park, bat ich Natt Dodge, für mich einen mexikanischen Arbeiter auf Dia zu fotografieren, der inmitten eines Haufens von Lechuguilla-Agaven stand. Über der Schulter trug er einen Beutel, wie sie die Eingeborenen – neben Seilen, Halftern und Dutzenden von anderen Dingen – seit Jahrhunderten aus ebendieser Pflanze weben. Demonstrationen, wie nicht nur Ureinwohner, sondern auch unsere eigenen Siedler das vorgefundene Material nutzten, um sich daraus herzustellen, was sie brauchten, zählen zum Wirkungsvollsten, was die Interpretation zu bieten hat. Noch besser wäre es natürlich, die Verarbeitung der Pflanze selbst zu zeigen; das jedoch stößt, wie so viele andere Möglichkeiten, auf die der Interpret nur ungern verzichtet, auf bürokratische Hindernisse.

Ich könnte jetzt noch eine lange Liste exzellenter Demonstrationen anführen, die in den Gebieten des National Park Service oder von anderen Institutionen, die sich mit Interpretation befassen, tatsächlich geboten werden; worum es mir aber geht, ist, dass wir bis jetzt kaum mehr als an der Oberfläche dessen gekratzt haben, was die Demonstration an Möglichkeiten zu bieten hat. Ich gebe bedauernd zu, dass es an keinem Ort, wo interpretiert wird, jemals genug davon geben wird. Oft verbieten die Verhältnisse vor Ort diese fruchtbare Art der Interpretation, und es muss auch gesagt werden, dass in der Vergangenheit oft Geld- und Personalprobleme ihre Entwicklung verhindert haben.

Dennoch bin ich überzeugt, dass sich an vielen Stellen mit wenig Mitteln viel bewirken lässt, wenn man die Möglichkeiten fantasievoll prüft und gut durchdenkt.

Schließlich: Das Wort »Demonstration« und seine Bedeutung werden heute von allen, die sich mit Interpretation beschäftigen, ohne Weiteres verstanden. Es wäre schön, wenn man dasselbe von dem verwandten, nun folgenden Ausdruck sagen könnte.

Partizipation

Hier haben wir ein weiteres Fachwort aus der Interpretation, das, wie der Begriff »Interpretation« selbst, einer halbwegs allgemeingültigen Definition bedarf. Ich sage »halbwegs«, weil mir inzwischen klar ist, dass wir Interpreten wohl nie übereinstimmen werden, wann genau Partizipation so ausgeprägt ist, dass sie diese Bezeichnung verdient. Worauf wir uns ohne Vorbehalte einigen können, ist, dass die Tätigkeit, die wir meinen, von äußerster Wichtigkeit ist, um beim Besucher Sinn und Gefühl für Natur- und Menschheitsgeschichte zu wecken. Es liegt mir ganz fern, hier über Definitionen zu streiten. Ich glaube nur, wenn wir ein Wort benutzen, dann sollte es zumindest eine ungefähre stillschweigende Übereinkunft darüber geben, was wir damit meinen.

Das Lexikon hilft uns hier nicht weiter. »Partizipation« ist einer der Begriffe, die in der Interpretation eine eigene Sinngebung erfahren haben.[27] Das Einzige, was uns weiterbringt, wird die Diskussion von Beispielen sein: von solchen, die wir einhellig als Partizipation bezeichnen würden über strittige Fälle bis hin zu Beispielen, bei denen die meisten von uns sagen würden, dass das Wort seine Bedeutung eingebüßt hat.

Meine grundlegende Annahme ist, dass Partizipation im Kosmos des Interpretierens eine physische Aktivität sein muss. Ausschließlich oder vorwiegend geistige Betätigung einzubeziehen, hieße, das Wort über Gebühr zu strapazieren. Partizipation sollte sodann nicht nur eine körperliche Tätigkeit einschließen, sondern auch etwas, was der Teilnehmer für sich persönlich als neu, außergewöhnlich und wichtig empfindet. Ich kann mir nicht vorstellen, dass jemand, der Maisbrei und Kabeljaubällchen isst, tatsächlich an der provinziellen Bostoner Lebensart eines Cotton Mather teilhat.[28] Auf der anderen Seite bin ich mir ziemlich sicher, dass eine Fahrt im Treidelkahn auf dem alten C&O Canal[29] dem Besucher das vergnügliche Gefühl vermittelt, in längst vergangene Zeiten zurückversetzt zu sein. Die Maultiere ziehen am Seil, das Schiff passiert die Schleusen und er sitzt entspannt an Deck, grüßt an den Anlegestellen seine Nachbarn und stellt sich vor, er wäre ein Reisender auf dem Weg nach Cumberland.

Von der Gruppe dagegen, die vor einigen Jahren von einem Richter am Obersten Gerichtshof den Kanal entlanggeführt wurde, kann man nicht behaupten, dass sie partizipiert hätte. Sicher war die Idee nicht schlecht, ein unterhaltsamer Gag, aber der Kanal war in seiner Blütezeit ein Transportweg, und Fußgänger gab es dort eigentlich nur in Gestalt der Maultiertreiber.

Über die Kutschfahrten in Colonial Williamsburg würde ich sagen, dass sie recht hübsch zu unserem Begriff passen. Dennoch bieten sie nicht ganz den Grad an Partizipation, den John D. Rockefeller mit feinem Gespür für den Acadia National Park plante: Er schuf dort Straßen wie aus der Postkutschenzeit, zum gemächlichen Auskosten der Freuden, die eine Fahrt durch schöne Landschaft bereitet, und voller Einblicke in den unzerstörten Naturraum. Nur leider war das Pferd nahezu ausgestorben und die Kutschertracht zu teuer geworden, bevor der Plan seine menschenfreundlichen Früchte tragen konnte.

Niemand wird bezweifeln, dass im Montezuma Castle in Arizona wirkliche Partizipation möglich war, als die Besucher noch mit Leitern zu den Höhlenbehausungen aufsteigen konnten. Dieses Erlebnisangebot musste aufgegeben werden, als klar wurde, dass die fragilen Strukturen den ständigen Besucherverkehr nicht überdauern würden. Aber die holprigen Fahrwege, über die die ersten Siedler nach Oregon zogen, gibt es noch und auch die alten, ursprünglichen Wegstrecken, die heute noch an vielen Stellen vom modernen Natchez Trace Parkway abzweigen.[30] Im Pipestone National Monument wäre es sicher möglich, Rauchgerät aus exakt demselben Tonschiefer zu beschaffen, aus dem die Indianer jahrhundertelang ihre Friedenspfeifen fertigten. Man könnte sie mit »Kinnikinnick« füllen, der Rinde des Hartriegels, der noch in Fülle wächst, und so jedem Interessierten das authentische Material für eine echte Partizipation zur Verfügung stellen.

Im Death Valley National Monument bestaunte ich einmal den berühmten Brunnen der »Lost '49ers«,[31] als eine Familie mit dem Auto eintraf. Eine der Personen, ein Mädchen von etwa fünfzehn Jahren, kam mit einer Blechtasse zum Becken herüber, lehnte sich so weit es ging übers Wasser, schöpfte den Becher voll und trank genießerisch. Obwohl sie nichts dergleichen sagte, hatte ich den Eindruck, dass dies bewusste Partizipation war. Zumindest kam es mir so vor.

Hier noch ein Beispiel aus einer zeitgenössischen wissenschaftlichen Zeitschrift; nicht, weil es viel mit dem zu tun hätte, was in unseren Schutzgebieten praktiziert wird, sondern, weil es mir ein Gipfelpunkt echter Partizipation zu sein scheint, von dem aus sich die verschiedenen Bedeutungsschattierungen des Wortes besser beurteilen lassen. Zwei dänische Archäologen, neugierig, wie die Urmenschen ihre Steinaxt zum Fällen von Bäumen verwendet und danach die kahl geschlagene Fläche abgebrannt und bepflanzt haben mochten (die urtümliche Form der Landwirtschaft), ließen es auf einen Versuch ankommen. Sie benutzten Artefakte, die von einer Ausgrabung im Sumpf stammten, und fällten damit tatsächlich hohe Bäume, brandrodeten, säuberten und bepflanzten die Fläche. Dabei fanden sie genau heraus, wie die Steinaxt gehandhabt wurde. Wenn man sie nämlich frei schwingen lässt, wie wir es mit stählernem Werkzeug tun, zerbricht oder splittert sie unter der Wucht des Schlages; ein kurzes Hacken dagegen erfüllt seinen Zweck und lässt das Werkzeug ganz.

Ohne dieses Experiment hier weiter zu beschreiben: Es stellt sich mir von Anfang bis Ende als klassische Partizipation dar. Und wer den beiden bei der Arbeit zugesehen hätte, wäre Zeuge einer Demonstration geworden.

Wer unsere archäologischen Stätten besucht, könnte gewiss gut partizipieren, indem er eine Handvoll Maiskörner mit dem Metate[32] zu Mehl zerreiben würde. Diese Möglichkeit möchte ich gern allen Besuchern angeboten wissen. Man muss dafür keine historischen Artefakte verwenden; die Mexikaner fertigen heute Metates für den eigenen Gebrauch in großer Zahl. Ich weiß aber auch, dass die Artefakte überall im Südwesten noch in solcher Fülle existieren, dass es Jahrhunderte dauern würde, diesen Vorrat aufzubrauchen.

Insgesamt werden die Möglichkeiten, dem Besucher durch Partizipation eine Reise in die Vergangenheit zu ermöglichen, nie so ergiebig sein, wie wir es uns wünschen. Ich möchte nur betonen, wie unschätzbar wichtig Partizipation und Demonstration sind, und dass wir unablässig nach Möglichkeiten suchen und keine Chance verpassen sollten, uns ihrer zu bedienen.

Es gibt aber noch ein anderes Mittel der Interpretation, das eindeutig weder der Demonstration noch der Partizipation zugeordnet werden kann. Dieses nenne ich:

Animation

Wem das Wort »Animation« nicht gefällt, der mag »Ambiente« oder »Atmosphäre« sagen. Mir gefällt es, weil »animieren« bedeutet, etwas zum Leben zu erwecken. Auch hier ist die Definition nicht so wichtig, wenn wir uns darüber einig werden, was Animation ist oder sein könnte.

Eines Sonntagnachmittags besuchte ich das »Arlington House« oder »Custis-Lee Mansion«, gegenüber von Washington, D.C. auf der anderen Seite des Potomac gelegen. Als ich eintrat, spielte jemand Klavier. Dass in einem Haus, in dem die Familien Custis und Lee gewohnt haben, überhaupt in jedem beliebigen historischen Wohnhaus, Klavier gespielt würde, erschien mir vollkommen natürlich. Ich war schon viele Male in dieser berühmten Wohnstätte gewesen und hatte mich immer gefreut, wie schön sie erhalten war. Niemals hatte ich sie als kalt empfunden. Aber wie so viele andere wertvolle Zeugen der Vergangenheit müssen ihre Schätze gesichert werden, und die meisten Zimmer kann man nur von der Türschwelle aus besichtigen. Das ist der Preis, den wir für Schutz und Erhaltung zahlen. Diesmal jedoch kam mir das Haus bewohnt vor; nicht von Besuchern wie mir, sondern von denen, die am ehesten hierher gehörten, weil es ihr geliebtes Zuhause war. Ein hübsches Mädchen in der Kleidung der 1860er-Jahre spielte im Salon genau die Melodien, die man zu jener Zeit gemocht hatte, auf einem Instrument aus ebenjener Stilepoche. Sie hätte das Nachbarskind von Mary Custis sein können. Die Musik wirkte überhaupt nicht aufdringlich, und mit Vergnügen stellte ich fest, dass sich die meisten Besucher nicht weiter für sie interessierten – ein sicheres Zeichen dafür, dass sie sich vollkommen harmonisch in das Szenario der Nachgestaltung einfügte.

Einmal gab es in Arlington House eine Feier zum St. Patrick's Day.[33] Man könnte jetzt meinen, dass das nicht ins Bild passe. Aber wer so argumentiert, verkennt, dass George Washington Parke Custis bekanntermaßen mit dem irischen Freiheitskampf sympathisierte, damals, als diese Frage ganz oben auf der politischen Agenda stand. Er schrieb eine »Ode an das junge Irland«, hielt etliche Ansprachen zum Thema und warf sich mit all seiner überlieferten Leidenschaft in den flammenden Disput. Diese Feier passte also, und sie half dabei, das Haus mit menschlichem Leben zu erfüllen: Sie war Animation.

Für viele der gut geplanten und umgesetzten Aktivitäten in Colonial Williamsburg, die dem Besucher das Damals nahebringen sollen, ist, wie ich finde, »Animation« der passende Begriff. Aber ob wir dieses Wort benutzen oder nicht: Wir sind in unserer Arbeit von Erfolg versprechenden Möglichkeiten dieser Art der Interpretation umgeben und sollten das erkennen.

Den Sinn für das Erbe unserer Väter zu bewahren, ist für unsere Zukunft unerlässlich, und dieses Wissen erlangt man dadurch, dass die Vergangenheit lebendig gehalten wird – kraftvoll, wie sie war. Ich erinnere mich an ein Gespräch mit Ronald Lee über das angenehme Gefühl der Teilhabe, das ich beim Wandern auf den Strecken des alten Oregon

Trail im Westen von Nebraska und in Wyoming hatte. »Es ist mehr als das«, sagte Ronnie, der selbst aus dem Westen stammt. »Es macht mir gestochen scharf klar, dass der Westen Teil unseres großen Ganzen ist und zum Gemeingut, zum Erbe gehört. Plötzlich wissen wir, wo wir hingehören.«

Eines meiner Lieblingsbücher ist *The Living Past* von John Merriam. Die Erlebnisse im Canyon de Chelly, die er dort beschreibt, scheinen mir ein ideales Beispiel für das zu sein, was ich mit Animation meine. Und schon der Titel des Buchs steht für ein Ideal der Interpretation.

10

Alles in Maßen

Zu viel Lärm betäubt uns;
zu viel Licht blendet uns;
zu große Entfernung oder Nähe erschwert die Sicht;
zu lange oder zu knappe Rede verwirrt uns;
zu viel Wahrheit befremdet uns.

BLAISE PASCAL

Die Redewendung vom Maßhalten wird verschiedenen alten Griechen zugeschrieben, ist aber in Wahrheit viel älter als sie. Wahrscheinlich geht sie darauf zurück, dass einst ein Urmensch ein zu großes Stück Mammut hinunterzuwürgen versuchte.

Mir selbst wurde die Bedeutung dieser gesunden Vorgabe bewusst, als ich vor Jahren ein Landhaus besaß, dessen Holzschindeldach neu gedeckt werden musste. Ich stellte dafür einen versierten alten Zimmermann an, aber schließlich packte mich der Ehrgeiz, mich selbst an einer Fläche zu versuchen. Sein erfahrener Blick folgte mir ein paar Minuten lang. Dann sagte er: »Darf ich Ihnen mal einen Tipp geben? So, wie Sie die Nägel reinhauen, spalten Sie die Schindeln. *Den letzten Hammerschlag* sparen Sie sich besser.«

Wenn ich jetzt eines unserer Schutzgebiete besuche, Parks, Museen oder historische Bauwerke, und wenn ich Interpretationen höre oder lese, kommt mir manchmal diese schlichte Bemerkung in den Sinn.

Es gibt so viele Fälle, in denen eine ansonsten gute Vorführung durch den »letzten Hammerschlag« leidet und zu Fall gebracht wird: die Broschüre, die nicht endet, obwohl längst alles gesagt ist; die letzten zwanzig Dias, die den Bogen überspannen; der »letzte kurze Gedanke« des Redners, der vor löblicher Begeisterung fast überläuft; das Museum, das dem nur allzu menschlichen Gedanken nachgibt: »Das können wir auf keinen Fall weglassen«. All diese Maßlosigkeiten geschehen in guter Absicht. Aber der Interpret muss seine Arbeit vom Standpunkt des Besuchers aus hinterfragen und die vielen Faktoren berücksichtigen, die ein Publikum ablenken, unruhig machen und allzu schnell übersättigen, besonders dann, wenn es mit dem Gegenstand wenig vertraut ist.

Ich erinnere mich an einen eher komischen Fall des »letzten Hammerschlags« in einem bestimmten Museum, das sehr spezielle Dinge ausstellt, von einem Industriellen mit feinem Kunstgeschmack zusammengetragen. Das Haus ist attraktiv und der Öffentlichkeit frei zugänglich. Es wird als so wichtig angesehen, dass die Schulbehörde der betreffenden Stadt allen Kindern einen Besuch im Laufe ihrer Schulzeit vorgeschrieben hat.

Unglücklicherweise ist fast das Erste, was der junge Besucher beim Betreten der Eingangshalle erblickt, ein Gemälde. Um es klarzustellen: Das Bild ist ein Werk eines alten Meisters, und zwar ein hervorragendes. Auch das Motiv passt durchaus zu den anderen Exponaten. Problematisch ist nur, dass die Hauptfigur des Gemäldes eine Dame ist, die in dem Moment, als sie der Künstler betrachtete, keinerlei Kleidung am Leib trug. Sie ist sehr schön, und ihre Darstellung ist nicht die Spur obszön. Aber Kinder bleiben Kinder, und Oberschüler sind in der Pubertät. An dem Tag, als ich im Museum war, stand eine Schar unbezähmbarer Halbwüchsiger um das Bild herum, sie stießen sich gegenseitig in die Rippen und kicherten. Von da an war die ganze vorzügliche Ausstellung, vom Standpunkt des Lehrers betrachtet, mit großer Wahrscheinlichkeit »für die Katz'«.

Die Begründung dafür ist einfach: Der Eigentümer des Gemäldes betrachtete es als Kunst, und das war es in der Tat. Er glaubte, dass seine Zurschaustellung mit dem Anstand vereinbar wäre, und sie war es. Er war überzeugt, dass es zum Thema des Museums passte, und auch das war der Fall. Aber er irrte, als er meinte, auf dieses Bild nicht verzichten zu können. Es war zu viel, und die Ausstellung wäre ohne es besser zur Geltung gekommen.

Im Lafayette Square[34] in Washington, D.C. steht eine Statue des berühmten polnischen Armeeingenieurs Tadeusz Kościuszko, der für die amerikanische Unabhängigkeit kämpfte. Er hat sich ein Denkmal in der Hauptstadt verdient. Aber der Sockel des Monuments trägt die Inschrift: »Die Freiheit schrie auf, als Kościuszko fiel«. Natürlich tat die Freiheit nichts dergleichen. Die Freiheit mag jemanden ehren, schätzen oder beklagen, aber sie stößt keine Entsetzensschreie aus. Es muss dazugesagt werden, dass die Zeile aus einem Gedicht von Thomas Campbell *(The Pleasures of Hope)* stammt. Innerhalb eines Gedichts mag das noch angehen; bei einer Inschrift kann man es nur als unpassende Übertreibung bezeichnen. Inschriften, besonders, wenn sie von vornehmen Dingen handeln, sollten keine Worte enthalten, die unwürdige Bilder entstehen lassen.

Auf Schildern und Schautafeln sollte man auch zurückhaltend mit Wörtern wie »Held« umgehen. Sicher waren diejenigen, um die es geht, Helden. Aber es ist besser, von ihren Taten zu berichten; der Besucher wird bemerken, dass die Taten heldenhaft waren. Wenn ihm selbst aufgeht, dass hier Heldentum am Werk war, ist der Effekt viel stärker, als wenn man es ihm erzählt. »Sie kämpften allen Widrigkeiten zum Trotz und hielten die Stellung.« Dieser Satz zeugt von Tapferkeit, ohne das Wort zu gebrauchen.

In einem anderen Kapitel schreibe ich, dass eine Landschaft nicht schöner wird, wenn man sie schön nennt. In einem gewissen Sinn schmälert das ihre Schönheit sogar ein wenig. Genauso ist es bei verbalen Übertreibungen. Wir wollen lieber die Kraft der bescheidenen Worte pflegen.

Ich finde in meinen Notizen die folgende Wendung zitiert: »... diese bewundernswerte Zurückhaltung, die gutem Geschmack und einem vollkommenen Verständnis für die Beschränkung entspringt, die das Thema erfordert …« Ich weiß nicht mehr, ob ich mir das selbst ausgedacht oder irgendwo abgeschrieben habe. Auf jeden Fall trifft es den Nagel auf den Kopf. Solche Selbstbeherrschung zeugt von tiefem Gefühl und klarem Denken des Interpreten in Bezug auf das Wesentliche des Gegenstands, dem er seine Aufmerksamkeit zuwendet.

Ich rate davon ab, den albernen Fehlschlägen zu verfallen, wie man sie in blumigen Tourismusbroschüren findet. Sie führen sich selbst ad absurdum, wenn der Leser einigermaßen urteilsfähig ist. Wer mir erzählt, dass sein Ort die Pracht der Alpen mit der Beschaulichkeit eines englischen Dorfes verbindet und eine Mischung aus dem historischen Prunk des Loire-Tals und dem geheimnisvollen Tibet ist, dem entgegne ich, dass es einen solchen Ort nicht gibt; und wenn er existierte, dann würde ich keinen Pfifferling dafür geben und die Broschüre in den Mülleimer werfen.

In der Frage von Maßhalten und Übertreibung gibt es so viele und verschiedene Fallstricke, dass ich hier nur ganz allgemein auf die Gefahren hinweisen kann. Selbst das tue ich ungern, weil dieses Buch fast gänzlich im konstruktiven und ermutigenden Sinne gedacht war. Aber die Versuchung ist groß, immer »noch eins draufzusetzen«. Im Zweifelsfall verzichte man darauf. Enthaltung hat der Welt noch selten geschadet.

In den McGuffey-Fibeln[35] gab es einst einen Kinderreim, der ging: »Immer addieren, wohin soll das führen?« Das ist eine berechtigte Frage, aber in einem ganz anderen Sinne, als sie die Kinder verstanden. Ich will hier gar nicht auf die wirren Sammlungen einiger Museen eingehen, die nie ein Fachmann zu Gesicht bekommen hat, der etwas von Ausstellungen versteht; unser Museumswesen erreicht Schritt für Schritt ein immer höheres Niveau. Aber selbst manche modernen Einrichtungen tendieren zu Masse statt Klasse. Der Wildpark in Florida, der mit 2000 Alligatoren wirbt, hat mir immer ein herzhaftes Lachen entlockt. Der Alligator ist ein interessantes Reptil und wahrscheinlich sehr fruchtbar, sodass man die Tiere wie Meerschweinchen recht schnell vermehren kann. Nur: Dieser Wildpark war als Tierschau gedacht und nicht als Museum. Wer in Urlaubsstimmung oder von einer langen Autofahrt gelangweilt ist, mag sich vielleicht auf die 2000 Krokodile freuen und enttäuscht sein, wenn es dann nur 1900 sind.

An diese Alligatoren wurde ich lebhaft erinnert, als ich das Baseball-Museum in Cooperstown, New York, besuchte, wo eine enorme Anzahl von signierten Basebällen in Glasvitrinen ins Rennen geschickt wird. Ich bin persönlich dem Baseball nicht abgeneigt; er ist eine schöne Sportart. Ob seine Bedeutung als Hobby ausreichend ist, um eine so spezielle Behandlung zu rechtfertigen, kann ich nicht entscheiden. Während meines Besuchs sagte mir mein Gefühl, dass er vielleicht in einer Abteilung eines allgemeinen amerikanischen Sportmuseums besser aufgehoben wäre, zusammen mit allen anderen Sportarten. Aber worum es mir geht, ist, dass das bloße Hinzufügen von immer mehr signierten Bällen die Ausstellung nicht interessanter macht. Obwohl ich mich hier auf gefährlichem Terrain bewege, denn der Baseball-Fan ist ein hitziger Bursche, der schon mal dem Schiedsrichter körperliche Konsequenzen androht.

Was ich hier über Basebälle sage, scheint mir gleichermaßen gültig für Milchkannen, Untersetzer, Farbdrucke, Münzen, Briefmarken, Urkunden und Tausende von anderen Dingen – es sei denn, eine Ausstellung beschäftigt sich ausschließlich und im Detail mit ihnen.

Und noch eine Art der Ausschweifung lässt das Interesse schwinden. Das bekannteste Beispiel aus dem Privatleben ist die Folter, der George und Alice ihre Freunde aussetzen, wenn sie zu einem Abend vor der Leinwand mit selbst aufgenommenen Dias oder Filmen einladen. Das Kameraobjektiv hat das frappierende Vermögen, schon dem Anfänger, der gerade seinen ersten Film belichtet, einige der besten Motive zu bescheren, die man sich denken kann. Aber wenn George und Alice ihre Kollektion sorgfältiger zusammengestellt hätten, würde der Abend weniger frustrierend verlaufen. Für den Gastgeber sind alle seine Bilder gleich sehenswert. Das Opfer wird von einem Essen im Hinterhof zum Meeresstrand geschleppt, vom Baby der Schwester zu den Petunien, von der Vogeltränke zur Herbstfärbung des Ahorns. Das Ergebnis ist ein Schwindelgefühl, an dem nicht der Cocktail schuld ist: Wer alles anschaut, hat am Ende gar nichts gesehen. Solche Verzettelung lässt den Geist abstumpfen.

Ich habe oben ein extremes und absurdes Beispiel aus dem Privatleben angeführt. Aber vor einigen Jahren besuchte ich ein sehr schönes historisches Gebäude, das ehemalige Zuhause eines berühmten Schriftstellers, mit Liebe eingerichtet und gepflegt. Irgendwo während einer Auslandsreise hatte dieser Autor einmal geschrieben: »Am Abend gingen wir alle in den Zirkus.« Nur wegen dieses Hinweises enthielt die Ausstellung einen Miniaturzirkus – hübsch und bezaubernd, aber was hatte er in diesem Haus zu suchen? Wäre der Autor in jungen Jahren Trapezkünstler bei Barnum & Bailey gewesen, dann hätte die Illustration zur Biografie gepasst. So aber: eine Verzerrung.

Eine spezielle Art der Maßlosigkeit, in einigen unserer Landschaftsparks zu finden, ist die Neigung, Fernrohre aufzustellen, die normalerweise durch Einwerfen einer Münze in Betrieb gesetzt und von Pächtern gewartet werden – wenn überhaupt, denn oft sind sie kaputt und verschlucken die Münze ohne Gegenleistung. Ihr Zweck ist es, entfernte Gegenstände näher heranzuholen. In manchen Fällen, etwa wenn eine außerordentliche geologische Formation anders nicht zu sehen ist, sind solche Geräte durchaus wünschenswert. Ständig eingesetzt, schmälern oder vereiteln sie die Möglichkeit, den Blick über die ganze Pracht der Landschaft schweifen zu lassen, wie es nur das menschliche Auge mit seinem Blickfeld vermag, vom bildlichen Vorstellungsvermögen unterstützt. Wozu werden solche Aussichtspunkte eingerichtet, wenn nicht, um das Ganze erfassbar zu machen statt einzelner Felsen und Bäume?

Die Kunstmaler haben ein passendes Wort für Bilder, die sich in verwirrenden Details ergehen. Sie nennen sie »überladen«. Ich hatte einen Freund, der ständig gegen seine Neigung zum Überladen ankämpfen musste, obwohl er als Zeitschriftenillustrator sehr erfolgreich war. Als ich einmal in seinem Atelier herumlungerte, erzählte er mir: »Letzte

Nacht kurz vor dem Schlafengehen habe ich überlegt: Wenn es mich auf eine einsame Insel im Stillen Ozean verschlagen würde, und ich dürfte nur ein Werkzeug mit an Land bringen, was würde ich nehmen?«

»Ein Messer?«, fragte ich etwas einfältig.

»Nein«, war die Antwort, »einen Radiergummi.«

11

Das Geheimnis der Schönheit

Das wahrhaft Schöne bedarf des Lobes ebensowenig
als das göttliche Gesetz, die Wahrheit, die Güte, die Scham.

MARC AUREL, *MEDITATIONEN*[36]

Auf dem Gebiet der Ästhetik muss der Interpret behutsam vorgehen. Es hat keinen Sinn, die Rose zu parfümieren. Nicht nur dass die Rose darunter leidet; wer so etwas tut, zeigt auch, dass er das Wesen der Schönheit nicht verstanden hat.

Eine sachdienliche Definition der Schönheit gibt es nicht, obwohl schon viele ehrenwerte Versuche unternommen wurden. Ich glaube, das liegt daran, dass Schönheit zugleich eine Abstraktion und eine reale Erscheinung ist.

Vielleicht hilft es zu lesen, wie Bernard Bosanquet den griechischen Philosophen Plotinus interpretiert: »Schönheit ist alles, was ewige Gesetze in einer den Sinnen zugänglichen Form symbolisiert.« Immanuel Kant fand, dass Schönheit (das Erhabene) das ist, »was uns durch seine … Mächtigkeit erschüttert und mit Schmerz ob unserer eigenen Kleinheit erfüllt, uns aber dann wiederum ein Gefühl der Begeisterung für die Größe unserer eigenen Natur eingibt.«[37]

Wie man es auch zu umschreiben versucht, Schönheit ist eindeutig sowohl eine sehr reale als auch eine schwer fassbare Erscheinung, und wenn es sie nicht gäbe, hätte der Mensch vielleicht gar keinen Grund zu leben.

Für meine Zwecke und als Regel für den Interpreten, der sich mit Ästhetik insgesamt beschäftigt, möchte ich eine der besten Stellen aus Emersons Werk anführen: »Dem verständigen Geist ist die Natur nie ein Spielzeug gewesen. Die Blumen, Tiere und Berge spiegeln die Weisheit seiner besten Stunden wider, so wie sie ihn in der Einfachheit seiner Kindheit erfreut haben.«[38]

Am konkreten Beispiel: Wenn wir die majestätischen Teton-Range-Berge[39] zeigen, dürfen wir dieses Erlebnis nicht mit Worten oder Taten ins Spielzeughafte wenden. Diese alpinen Gipfel können für sich selbst sprechen, und sie sprechen eine Sprache, die von allen Menschen verstanden wird.

Ein Gegenstand, sei es ein Berg, ein See, ein Kristall, ein Chippendale-Möbelstück oder eine große Tat, wird nicht schöner dadurch, dass man ihn schön nennt. Und die Wahrnehmung von Schönheit beruht immer auf einem Überraschungsmoment. Die Aussichtspunkte in unseren Nationalparks werden manchmal humorvoll »Oohs und Aahs« genannt, weil es diese Ausrufe sind, mit denen der Besucher spontan ausdrückt, wie überwältigt er von ihrem Zauber ist. Folglich ist es unklug, irgendein konkretes Objekt auf Interpretationstafeln als »schön« zu beschreiben. Einmal wäre es unverschämt, das Geschmacksempfinden des Besuchers manipulieren zu wollen, zum anderen stellt man sich damit zwischen ihn und die Landschaft. Jedoch kann man Formulierungen wie »die Schönheit, die uns hier umgibt« ohne Schaden verwenden, denn sie beschreiben eine Grundstimmung, und die Verallgemeinerung, der kaum jemand widersprechen wird, lässt dem Besucher die freie Wahl, sie auf konkrete Objekte zu übertragen.

Ich glaube also, dass der Interpret, der ästhetische Werte vermitteln will, sich am besten auf zwei Aufgaben beschränkt: erstens, den bestmöglichen Blickwinkel zu finden, von dem aus Schönheit ersichtlich und greifbar wird, und zweitens, alles zu tun, was auf unaufdringliche Art die nötige Stimmung, die Atmosphäre der Hinwendung herstellt.

Es mag sein, wie Ronald Lee meint, dass solches Bemühen ein Grundsatz der Interpretation ist. Das ist möglich, ich weise diesen Vorschlag nicht zurück. Da ich aber glaube, dass es so überwiegend eine Frage von Planung, Management, Landschaftsgestaltung, Wegebau und ähnlichen Dingen ist, möchte ich es an dieser Stelle abhandeln. Dass hier eine Aufgabe von größter Bedeutung vorliegt, daran kann kein Zweifel bestehen. Und was man über das Einrichten von Aussichtspunkten und das Schaffen der richtigen Stimmung für die Rezeption von Schönheit sagen kann, gilt genauso, wenn auch auf anderem Niveau und unter Anwendung anderer Mittel, für Wildnisgebiete, Museen und historische Stätten.

Speziell sollte bei Dingen, wo vorwiegend die Ästhetik zählt, keine mündliche oder schriftliche Interpretation mehr tun als mit geschickter Hand eine Stimmung zu erzeugen, und zwar eher für das Ganze als für einen Teil. Alles andere ist Sache der Planer, der Landschafts- und sonstigen Gestalter. John D. Rockefeller junior mit seinem feinen Blick für Überraschungen im Naturerleben mag falsch liegen, wenn er allzu viele Aussichtspunkte ins Spiel bringt, denn diese können dem Konzept unzerstörter Natur tatsächlich Gewalt antun. Ich glaube aber, dass seine Absichten selbstlos und untadelig sind, wie man es von ihm kennt.

Was sich nur – oder am besten – erfühlen lässt, sollte man nicht versuchen zu beschreiben.

Das »Brookgreen Gardens« benannte Freiluftmuseum der Bildhauerei in South Carolina, auf einer ehemaligen Plantage gelegen, ist eine künstlerische und menschliche Glanzleistung zweier Amateure, der Huntingtons (eine dort angebrachte und gut gelungene Inschrift ist in Kapitel 8 aufgeführt). Es ist, so schien es mir, während ich mehrere glückliche Stunden dort verbrachte, ein Beispiel für eine Einrichtung, die kaum der Interpretation bedarf, sei es mündlich oder auf andere Art. Ein paar Fragen werden sich dem Besucher aufdrängen, aber diese betreffen nicht den ästhetischen Eindruck und können mithilfe eines kleinen Faltblattes leicht beantwortet werden – vielleicht werden sie es inzwischen schon. Brookgreen Gardens interpretiert sich zum größten Teil selbst. Der Geist des Ortes stellt schon eine vorteilhafte Grundstimmung her.

Aber nehmen wir das Craters of the Moon National Monument[40] in der Nähe von Arco, Idaho. Um das Schöne und Wundersame dieser Landschaft zu erfassen, braucht es fachkundige Interpretation. Ich sage »das Schöne«, weil es mir schön erscheint, getreu John Ruskins Gedanken, dass Angemessenheit das Grundelement der Schönheit ist.* Aber wenn jemand meint, dass dieser Wirrwarr vulkanischer Formen hässlich ist, werde ich mich nicht mit ihm streiten. Jeder hat seine eigene Vorstellung von Schönheit.

Craters of the Moon stellt Natur dar, die sich in Krämpfen windet. Das Magma war nicht länger zu bändigen; es kochte aus der Tiefe hoch und floss über, warf sich auf die Erde und erstarrte in absonderlichen Formen. Da sich die meisten Menschen Schönheit als etwas dem Auge allein Zugängliches vorstellen, ist hier der Interpret gefragt. Er muss den Besucher in die ebenso wichtigen höheren Sphären versetzen, die wir Ordnung nennen können oder den perfekten Ausgleich. Seine Aufgabe ist es, das wunderbare Gleichgewicht der Natur in eine lebendige und packende Geschichte zu fassen, den Abtrag an der einen Stelle, der durch eine Anlagerung an einer anderen ausgeglichen wird, sodass auf der Erde zu unserer Freude doch alles im Lot bleibt.

Gleichermaßen kann die Schönheit eines steilen Canyons, der von Zeitaltern des Abtrags und der Anlagerung erzählt, in diesem höheren Sinne sichtbar gemacht werden, auch wenn man hier meist nicht sofort an Ästhetik denkt. Manchmal frage ich mich, ob nicht fast alles, was wir zu interpretieren versuchen, drinnen und draußen, letztlich in diese höheren Gefilde der Ästhetik gehört. Wenn man so argumentiert, verkörpert das aus Grassoden errichtete Haus der Siedler von Dakota nicht nur ein Stück Gesellschaftsgeschichte, sondern auch ein Stück

* »Kann ein Abfallkorb schön sein?«, fragte Aristippus. »Ja, beim Zeus«, entgegnete Sokrates, »und ein goldener Schild kann hässlich sein, wenn der eine für seinen speziellen Zweck schön geformt ist und der andere unpassend.« Xenophon, *Memorabilien*

Schönheit, weil seine Erbauer gezielt das an Material verwendeten, was sie vorfanden. Einst sah ich im Big Bend National Park ein Bauwerk, das hauptsächlich aus den trockenen Blütenstängeln der Agave und den Zweigen des Ocotillo-Strauchs gemacht und dessen Dach mit Binsen vom Flussufer gedeckt war. Ist das nicht schön? Wahrhaft Hässliches entsteht doch oft dadurch, dass wir auf ausgeklügelte Erfindungen zurückgreifen.

Die Schmiede, wie sie in etlichen Rekonstruktionen des alten Dorflebens zu sehen ist, finde ich schön; auch den Schmied selbst, der den Blasebalg betätigt; das feurige Rot, das aus den fast verglommenen Kohlen schlägt; die Funken, die unter dem Hammer sprühen; die Einfachheit eines muskulösen, passend gekleideten Menschen, der die grobschlächtigsten Werkzeuge mit Sachverstand für seine schöpferische Arbeit einsetzt. All das ist nicht bloße Vergangenheit, in nostalgischer Schwärmerei ins Heute projiziert – was für sich genommen schon eine gute Sache wäre –, diese Bilder gehen tiefer: Sie spiegeln den Willen des Menschen wider, tätig zu werden, seine Verwandtschaft mit allem, was lebt und atmet und selbst mit dem Erz im Berg, das darauf wartet, von ihm erweckt zu werden.

All diese Dinge kann der Interpret in einfachen Worten vermitteln, aber nur, wenn er ihre Schönheit selbst empfindet. Mit seinem Fachwissen kann er natürlich noch viel mehr bewirken, aber seine Empfindung ist das Wesentliche. Durch sein Gefühl und mit seinem Wissen, seine Nachforschungen nutzend, gießt er alles in eine einzige Wissenschaft, wie es Sokrates ausdrückte. Man kann sie Liebe oder Schönheit nennen oder sich bescheidener ausdrücken; die Wirkung ist, dass der Besucher etwas mehr als bloße Fakten mit nach Hause nimmt, und dieses Etwas könnte man Inspiration nennen.

Wenn ich ein Museum mit Mineralen oder anderen Dingen gestalten sollte, würde ich dem Besucher wahrscheinlich am Eingang ein besonders reizvolles, unbeschriftetes Stück präsentieren. Wenn dieses Stück in seiner Art überragend schön ist, spielt es zunächst keine Rolle, wie es genau zu benennen ist. Wer später danach fragt, wird es erfahren.

Ich würde reichlich Platz darum herum lassen, damit ihm nichts anderes die Vorherrschaft streitig machen kann. Ich bin kein Fachmann für Museen, und wenn ich eins komplett gestalten müsste, würde es wahrscheinlich ein trauriges Bild abgeben. Aber was die Grundeinstellung und das Herstellen einer Stimmung angeht, bin ich mir sicher.

Charles Darwin war als Wissenschaftler in Brasilien. Aber als einfacher Besucher schrieb er: »Die einzelnen Gegenstände in dieser großartigen Landschaft zu beschreiben, ist einfach; unmöglich ist es, einen Eindruck von den höheren Dimensionen des Staunens, der Überraschung und Ergebenheit zu vermitteln, die den Geist erfüllen und erheben.«

Wenn ein Mann der Wissenschaften solches fühlen konnte, dann muss auch der höchste Zweck der Nationalparks und jeder Einrichtung, die für Interpretation infrage kommt, eindeutig in der Erhebung von Geist und Seele liegen. Erreichen lässt sich dieser Zweck nur durch die Offenbarung von Schönheit, bei der der Interpret nicht vorrangig als Lehrer, sondern als Begleiter beim Abenteuer des Entdeckens auftritt.

12

Die unbezahlbare Zutat

Eben wie ein großer Dichter weiß die Natur auch mit den wenigsten Mitteln die größten Effekte hervorzubringen. Da sind nur eine Sonne, Bäume, Blumen, Wasser und Liebe. Freilich, fehlt Letztere im Herzen des Beschauers, so mag das Ganze wohl einen schlechten Anblick gewähren, und die Sonne hat dann bloß so und so viel Meilen im Durchmesser, und die Bäume sind gut zum Einheizen, und die Blumen werden nach den Staubfäden klassifiziert, und das Wasser ist nass.

HEINRICH HEINE, *DIE HARZREISE*

Henry James beschreibt in seinem gar nicht »jameshaften« Buch *A Little Tour in France* auf humorvolle Art die »Interpretation«, die ihm in der alten Festungsstadt Carcassonne in der französischen Provinz zuteil wurde: »Ich kam nicht umhin, festzustellen, dass die Trennung von unserem professionellen Begleiter etwas Erleichterndes hatte. Seine Art, Information zu vermitteln, erinnerte mich an das energische Arbeiten einer Apparatur, die Mineralwasser in Flaschen füllt.« Nach der Flucht vor dem Fremdenführer »spendierte« sich James einen zweiten Spaziergang durch die Zitadelle, und zwar allein.

Wir alle kennen diesen Fremdenführer, er geistert durch unsere Erinnerungen, und jeder von uns hat schon einen Zwillingsbruder von ihm getroffen – vielleicht ein wenig besser, vielleicht ein wenig schlechter. Er ist nicht auf Frankreich beschränkt. Ich erinnere mich an eine Tour durch eine Kalksteinhöhle, die ich mit einer Besuchergruppe unternahm. Unser Führer war freundlich und liebenswert, aber er verfolgte sein Ziel, ohne es zu erreichen, weil er zwei große Fehler gemacht hatte: Erstens hatte er seinen Text auswendig gelernt und fiel schon nach kurzer Zeit einer Gedächtnislücke zum Opfer. Einem Interpreten ist eine solche Situation sicher peinlich, mehr noch aber seinem Publikum, das nicht nur mit ihm leidet, sondern sich für ihn schämt. Nach einer qualvollen Pause sagte unser Führer: »Ich fange noch einmal von vorn an«, und diesmal kam er durch.

Aber noch verhängnisvoller war sein zweiter Fehler: Die Interpretation war ohne Liebe gemacht. Wer den Gegenstand seiner Interpretation und die Menschen, die sich ihm anvertrauen, liebt, braucht nichts auswendig zu lernen. Denn wer etwas liebt, hat nicht nur alle denkbaren Anstrengungen unternommen, es im Rahmen seiner Möglichkeiten zu verstehen, sondern empfindet auch die Schönheit, mit der es sich in den Reigen des Schönen überhaupt, des Lebens, einreiht. Es ist klar, dass dies dazu führen kann, dass man seine spezielle Aufgabe überbewertet; aber das gibt sich schnell, sobald man mehr über die Begrenztheit von Zeit und Aufnahmefähigkeit und über das rechte Maß gelernt hat.

Bevor ich fortfahre, muss ich erklären, was ich unter »die Menschen lieben« verstehe. Ich rede eindeutig nicht dem verzärtelten Blick oder übertriebenen Vorstellungen von menschlicher Tugend das Wort. Im Laufe seiner langen Karriere wird der Interpret widerlichen Gesellen, Unbelehrbaren und Bildungsunfähigen begegnen und auch einigen, deren offensichtlich einziger Daseinsgrund es ist, den Beruf des Henkers nicht aussterben zu lassen. Es sind dies nicht viele, sie sind in der Minderheit. Wer einmal von einer Schlange gebissen wurde, wird vielleicht hinfort überall giftige Kreaturen sehen. Tatsächlich bewohnen sie aber nur ein kleines Revier im üppigen Garten der Natur.

Der Interpret soll sich nicht erniedrigen. Er muss darauf bestehen, mit Respekt behandelt zu werden, und er wird sich nicht durch falsche Bescheidenheit selbst entwerten. Er soll demütig sein; nicht, weil er vom Kontakt mit Menschen eingeschüchtert wäre, sondern im Bewusstsein, dass er die höchste Vollendung, die er anstrebt, nicht erreicht.

Wirklich, man sollte die Menschen nicht auf ungesunde Weise lieben. Man soll sie in dem Sinne lieben, dass man den Versuch, sie zu verstehen, nie aufgibt, und dass man begreift, dass all ihre Fehler, ihr Leichtsinn, ihre Ignoranz keine bösartigen Marotten sind. Niemand lebt zu dem Zweck, einem Interpreten Verdruss zu bereiten. »Es hätte auch mich treffen können«, sagte der Prälat, als er den Übeltäter ins Verderben marschieren sah.

Samuel Taylor Coleridge hat mir dies erklärt, und ich bedurfte der Erklärung so sehr wie jeder andere, vielleicht mehr: »Wer eines Menschen Beschränktheit nicht versteht, bleibt beschränkt im Verständnis seines Verstehens.«

Ich gestehe, dass mir dieser Satz, als ich ihn zum ersten Mal las, wie ein Wortspiel vorkam. Erst später dämmerte mir, dass er eine fundamentale Wahrheit enthält, die für die Interpretation von größter Bedeutung ist. Der Interpret wird keine Schwierigkeiten haben, diesen Aphorismus auf seine eigenen Erfahrungen anzuwenden. Die Besucher, die seine Dienste in Anspruch nehmen, haben selten fundierte, oft nicht einmal rudimentäre Kenntnis der Dinge, die man sie sehen und erfahren lässt. Oft kommen sie aus bloßer Neugier, aus Langeweile, um die Zeit totzuschlagen. Es ist an uns, die Gründe in gütigem Verständnis zu erwägen – nicht ihre Beschränktheit, ihre Unwissenheit, denn die ist offenkundig, sondern die Gründe dafür.

Wenn man unsere Arbeit als Natur- und Kulturbewahrer – täglich in Kontakt mit dem, was wir so sehr bewundern und lieben – mit dem Los der meisten Menschen vergleicht, haben wir es in der Tat gut getroffen. Ich schreibe dies direkt nach der Rückkehr von einem Treffen mit Männern und Frauen, die in Museen und an historischen Stätten arbeiten. Welch heitere, entzückte Gesichter, welch tief gehendes Interesse! Und welche Freiheit der Diskussion, wo man Meinungsverschiedenheiten als selbstverständlich hinnimmt und lächelnd kommentiert! Glaubt jemand, dass dies die Alltagserfahrung der Masse ist? Wer hat noch nicht begriffen, dass die meisten Menschen mit dem immer wiederkehrenden Gefühl leben, den falschen Pfad eingeschlagen zu haben, und mit der bitteren Erkenntnis, dass es zu spät ist, zum Scheideweg zurückzukehren?

Wir können das nicht ändern, nur verstehen; es erklärt die ärmlichen Voraussetzungen, mit denen die Menschen kommen, die wir mit einer Einführung in unsere Schätze beglücken wollen. Und hier liegt die große Herausforderung: dem Besucher zumindest eine aufrüttelnde Idee zu vermitteln, aus der ein fruchtbringendes Interesse erwachsen könnte.

Der Städteplaner Carl Feiss sagte mir, dass er beim Besuch eines historischen Hauses beobachtet hätte, wie viele Menschen die immer gleiche Frage stellten: »Gehört dieser Ort noch derselben Familie?« Hier liegt zumindest eine empfindliche Stelle, die fast alle Menschen gemeinsam haben: die Sehnsucht nach Beständigkeit, sei es im Besitz einer Immobilie, in ihrer eigenen Familie, ihrem Geschlecht oder in den subtileren Beziehungen zwischen dem verunsicherten Wesen »Mensch« und der äußeren, materiellen Welt.

Wenn es also darum geht, die Gründe für die *Beschränktheit* des Besuchers zu verstehen, wird sich der Interpret mit der *Art des Verstehens* beschäftigen, die sein Zuhörer an den Tag legt. Dieses Verstehen ist für gewöhnlich gut ausgebildet, nur liegt sein Wirkungsbereich auf den ersten Blick ganz außerhalb dessen, was der Interpret im Hinblick auf seine Angebote fühlt und denkt. In meiner Zeit als Fremdenführer für Hunderte von Gästen des Castillo de San Marcos in St. Augustine fand ich es nicht schwer, in den Augen der Menschen, die im Vortragszimmer innerhalb der Festungsmauern vor mir saßen, die Wirkung meiner Worte zu lesen. Einer der Gäste schien ganz unzugänglich, bis ich in meinem Vortrag erwähnte, wie man die großen Muschelkalkblöcke auf der Anastasia-Insel am anderen Ende der Bucht gebrochen und hier verbaut hatte. Plötzlich sprudelte er mit der Frage hervor: »Wie sind die Steine verspeist worden?« Zum Glück kannte ich das Wort »Speis« in der von ihm verwendeten Bedeutung und konnte ihm erklären, dass man gebrochenen Sand und Austernschalen als Mörtel verwendet hatte. In diesem Augenblick war sein Interesse an der Festung geweckt. Nachher kam er zu mir und sagte: »Ich würde gern mehr darüber erfahren. Können Sie mir ein Buch empfehlen?« Er war Bauunternehmer, und ich hatte ihn an einer empfänglichen Stelle berührt, ihn in seinem Verständnis erreicht. Und jetzt wandelte er in historischen Gefilden.

Genug von dieser Form der Liebe; jetzt zu der Liebe, die der Interpret für seinen Gegenstand empfinden muss. »Um ein Ding zu kennen«, schrieb Thomas Carlyle, »damit man von *kennen* sprechen kann, muss der Mensch es zuerst lieben und etwas dafür empfinden; das heißt, eine aufrichtige Beziehung dazu haben.« Wahrhaftig eine unbezahlbare Zutat.

Hier muss ich an einen Brief von Frank Pinkley, dem ersten Leiter des Büros Südwest beim National Park Service, denken. Ich hatte nicht das Glück, »Boss« Pinkley, wie er liebevoll genannt wurde, zu kennen, aber nur jemand, der seine Arbeit außerordentlich liebt, kann einen solchen Eindruck bei seinen Mitarbeitern hinterlassen, dass, wann immer das Gespräch auf ihn kommt, ihre Augen feucht und die Stimmen brüchig werden. Pinkley schrieb über einen Untergebenen, der gerade aus dem Leben geschieden war:

Neulich schreckte mich die Nachricht auf, dass der Parkinspektor Gabriel Sovulewski nicht mehr auf der Liste der Aktiven steht … Sein Park wurde ihm nie zu etwas Gewöhnlichem … Einmal nahm er mich mit auf eine geologische Exkursion in die Talsohle, die sich am Fuße des Capitan hinaufwindet. Wir saßen dort drei oder vier Minuten lang, wortlos, und sogen alles in uns auf. Und dann sagte er etwas, was ich nie vergessen habe: »Man kann sich endlos darüber auslassen, wie dieses Tal entstanden ist, aber hier tritt alle Wissenschaft vor Gott dem Allmächtigen zurück.«

Liebe ist es, die diese Verehrung in die Interpretation einbringt – Verehrung derjenigen Teile unserer schönen und zweckmäßigen Umwelt, die nicht sachlich fassbar, sondern rein spirituell sind; für das, was jenseits unseres Ausdrucksvermögens liegt; für die innerste Seele der Dinge, die der Interpret aus trüber Alltagserfahrung ans Licht holt, die er lebendig und wirkmächtig macht.

»White Mountains« Smith, ein Urgestein unter den Nationalpark-Rangern, pflegte seine Liebe auf schroffe Art auszudrücken. Tom Vint erzählte mir, dass er einmal mit Smith die Straße über dem Jackson Hole[41] entlangfuhr, als dieser das Auto plötzlich auf den zugewucherten Seitenstreifen steuerte, hinaussprang und ihn mit sich zog. Er umriss mit einer weit ausholenden Armbewegung die unvergleichliche Bergkette des Teton Range am Horizont und stieß den Ruf aus: »Bei Gott, Tom, das nenne ich Schönheit!« Smith, das muss man sich klarmachen, hatte diese zerklüftete Silhouette Tag für Tag vor Augen; aber er wurde ihrer nicht überdrüssig, seine Liebe entdeckte mit jedem Erblicken neue Schönheiten. Auch wenn seine Rede typischerweise holprig war, braucht man wohl nicht zu erklären, dass sie die gleiche Ehrfurcht ausdrückte wie die von »Boss« Pinkleys Begleiter Gabriel Sovulewski.

Ob der Interpret in der Wildnis agiert, auf einem Schlachtfeld, in den Ruinen eines Pueblos oder in einem Haus, das über zweieinhalb Jahrhunderte dieselbe Familie beherbergt hat – es ist ein und dasselbe: Wenn er eine »aufrichtige Beziehung« dazu hat, wie es Carlyle ausdrückte, dann kann er das Haus, die Ruinen, das Schlachtfeld mit Leben erfüllen; und in den Wildnisgebieten kann er durch die Macht der Liebe bei seinen Zuhörern das Gefühl erzeugen, dass dies die unberührte Natur mit all ihrem Pflanzen- und Tierleben ist, die Trapper und Forschungsreisende auf ihren gefährlichen, dennoch freudvollen Entdeckungszügen gen Westen erblickten.

Ich möchte eigentlich nicht zu sehr der Spekulation verfallen, wo exaktes Denken und Handeln gefragt sind. Aber Sokrates hatte eine Eingebung, die mir für die Interpretation immer wieder erwähnenswert scheint, also werde ich ein Zitat wagen. Sokrates behauptete, das Folgende hätte ihm die Prophetin Diotima gesagt; aber, Schelm, der er war, glaube ich eher, dass er und Diotima identisch sind:

Liebe ist mehr als das Verlangen nach Schönheit; sie pflanzt dem Sterblichen eine Ahnung von Unsterblichkeit ein … Wer ein Gespür für wahre Liebe hat und die Bande echter Schönheit wahrnimmt, wo sie sich zeigen, wird von Sieg zu Sieg fortschreiten, bis sich ihm schließlich die eine Wissenschaft enthüllt; dann wird er mit einem Mal die Natur wunderbarer Schönheit erblicken, die keinem menschlichen Körper oder Gesicht ähnelt, sondern absolut, ewig, eigenständig und einfach ist.

Es wäre nicht ganz ehrlich, wenn ich behaupten würde, ich hätte voll und ganz verstanden, was Sokrates mit diesen Worten meinte. Ich glaube, dass selbst Benjamin Jowett, der Platos Werke so wundervoll übersetzt hat, gelegentlich nicht weiterwusste. Vielleicht hatten die Griechen eine intellektuelle Sichtweise, die uns heute abgeht. Ich habe aber das beglückende Gefühl, dass hier eine großartige Wahrheit ausgedrückt ist. Das Wort »Physis« durchlief in der Gedankenwelt der Griechen eine Reihe von Veränderungen, bis es in etwa das ausdrückte, was wir heute als »Natur« bezeichnen. Ich bin sicher, dass auch das Wort »Interpretation« in den kommenden Jahrhunderten seine Bedeutung wandeln wird, um schließlich einen weiteren Gedankenhorizont zu umfassen und auf neue Bedürfnisse und Praktiken anwendbar zu sein.

Für den Augenblick denke ich, dass die zitierten Worte der Diotima frappierenderweise zumindest auf den gegenwärtigen Stand der Interpretation zutreffen – wenn sie gut ist. Wir beginnen mit einzelnen oder verknüpften Fakten und arbeiten uns zu einer enthüllenden Verallgemeinerung vor, aber letztlich vereinfachen wir wieder, um zu einer Aussage oder Stimmung zu gelangen, die jeder Situation gerecht wird, weil sie etwas beschreibt, das auf all unsere schützenswerten Güter und die Erlebnisse aller Besucher anwendbar ist.

Die sechs Grundsätze, die dieses Buch einleiten, könnten also am Ende in einem einzigen aufgehen – ähnlich der »einen Wissenschaft« des Sokrates. Sollte das der Fall sein, dann bin ich mir sicher, dass dieser eine Grundsatz Liebe heißt.

13

Technische Errungenschaften

Archimedes: Gib mir einen festen Punkt, und ich verschiebe die Erde.
Diogenes: Ist sie denn anderswo besser aufgehoben?

Das Wort »Errungenschaften« ist hier nicht abwertend gemeint. Ich schreibe dieses Buch auf einer Maschine, einer technischen Errungenschaft also, und möchte nicht für undankbar gelten, denn sie erspart mir die Mühe, meine Finger fortwährend um einen Stift zu krampfen. Manchmal bin ich versucht zu denken, dass die beste Literatur aller Zeiten die war, die in der großen Ära der Schreibfedern und Füllfederhalter verfasst wurde; aber wenn das stimmt, könnte es auch daran liegen, dass das Schriftstellerhandwerk seitdem im Zerfall begriffen ist. Da es in diesem Buch mehr um Gedanken zur Interpretation geht und weniger um Meisterschaft im Ausdruck, sind solche Betrachtungen allerdings nicht allzu wichtig.

Worum es mir geht, ist, dass technische Geräte aus der Interpretation nicht mehr wegzudenken sind und noch größere Bedeutung erlangen werden, als sie heute schon haben. Kein elektronisches Kommunikationsmittel wird jemals so befriedigend wie der direkte Kontakt sein – Kontakt nicht nur mit der Stimme, sondern auch mit Händen und Augen – oder den Effekt von beiläufiger, sinnstiftender Improvisation und dem gewissen Etwas erreichen, das der konkreten Verfassung eines leibhaftigen Menschen entspringt. Obwohl dem sicher niemand widersprechen wird, wissen wir doch alle, dass es nicht genug Personen gibt, die diese direkte Verbindung herstellen können. Sobald wir eine Lücke gefüllt haben, macht sich schon die nächste bemerkbar. Es werden also in Zukunft, ob wir es wollen oder nicht, mehr – und ich hoffe, bessere – Geräte die Bestrebungen der Interpretation vervielfachen.

Konkret bedeutet das: mehr Projektoren, Klanginstallationen, Aufnahme- und Wiedergabegeräte, mehr Apparate, die der Besucher selbst bedienen kann, mehr Filme von guter Qualität und professioneller Machart und so weiter.

Ich hatte einige Zweifel, ob ein Buch wie das vorliegende tatsächlich ein Kapitel zu diesem Thema enthalten sollte; denn es ist klar, dass technische Geräte niemals Besseres liefern können als das, was jemand vorher erdacht, vorbereitet, gesagt oder anderweitig selbst unternommen hat. In der Tat werden sie trotz aller elektronischen Vervollkommnung immer etwas schlechter sein. Geräte sind dienstfertige Sklaven und reproduzieren auch das Räuspern, das »Äh« und jede Abweichung vom Ideal, die uns unterläuft. Wenn ich auf meiner Schreibmaschine »Katze« mit C schreibe, liegt es nicht an der Maschine.

Dennoch haben sich während meiner Studien zur Interpretation, die mich so viele Tausend Meilen weit und in so viele und verschiedene Naturschutzgebiete und Kulturerbestätten geführt haben, einige Überlegungen zur gegenwärtigen Verwendung technischer Hilfsmittel herauskristallisiert, und es mag dem einen oder anderen dienlich sein, wenn ich sie hier wiedergebe:

1. Keines der Geräte, die wir hier betrachten, ist unter sonst gleichen Bedingungen so wünschenswert wie eine Interpretation durch direkte, persönliche Begegnung. (Ich werde das hier nicht weiter diskutieren, da so gut wie jeder zustimmen wird; es scheint mir aber ein guter Ausgangspunkt.)
2. Ein gutes Gerät ist weit besser als überhaupt keine Begegnung.
3. Eine gute technisch-mediale Interpretation ist besser als eine schlechte durch einen Menschen.

4. Eine schlechte Interpretation mit technischen Hilfsmitteln ist schlimmer als eine schlechte personale Interpretation.
5. Eine schlechte Interpretation mit technischen Hilfsmitteln ist nicht zwangsläufig besser als gar keine. Sie kann schlimmer sein, denn zum Schaden kann die Belästigung kommen, wie sie auch durch zeitraubende, unnötige Telefonanrufe entsteht.
6. Keine Institution sollte technische Hilfsmittel installieren, wenn nicht sicher ist, dass sie regelmäßig, zeitnah und angemessen gewartet werden können. Sie mögen funktionierend so gut sein, wie sie wollen; wenn sie längere Zeit außer Betrieb sind, ist das ärgerlich, peinlich und eine Zumutung für die Öffentlichkeit.

Vor Kurzem war ich in einem städtischen Museum, wo in der geologischen Abteilung eine gut sortierte Sammlung fluoreszierender Minerale unter Schwarzlicht ausgestellt war. Ich kann mich mit geradezu kindlicher Freude für solche herrlichen Stücke begeistern. Aber die Anlage funktionierte nicht. Ich suchte einen der Angestellten auf, der mir in höflichem, aber etwas entmutigtem Tonfall erklärte, dass sie »sehr schnell kaputtgegangen« sei. Die Art, wie er das sagte, ließ klar erkennen, dass sie schon eine Weile nicht mehr in Betrieb war, und dass es noch eine ganze Weile dauern könne, bevor Abhilfe geschaffen würde. Was das Fluoreszieren angeht, hätte man diesen Apparat genausogut im Keller lagern können.

Bei einer Gesprächsrunde am Lagerfeuer in einem unserer Nationalparks mussten die Besucher, als ich zum ersten Mal da war, über eine halbe Stunde warten, weil die Verstärkeranlage kaputt war. Ich habe bemerkt, dass die Leute, die zu solchen Veranstaltungen kommen, sehr geduldig und dankbar für die ihnen gebotene Interpretation sind, so auch diesmal. Da mich alle Themen, die auf dem Programm standen, interessierten, ging ich an den nächsten beiden Abenden wieder hin. Wieder gab es dieselben technischen Probleme und dieselbe Verzögerung. Schließlich kam mir der Gedanke, dass eigentlich gar kein

Verstärker vonnöten sei. Der Kreis war klein, und die Anlage, wenn sie denn funktionierte, war schlecht ausgesteuert und klang unschön. Jeder der Redner, die ich sprechen hörte (und zwei von ihnen waren ungewöhnlich gut und hatten ihre Dias hervorragend ausgewählt), wäre auch ohne technische Hilfsmittel gut hörbar gewesen. Es kann gar nicht genug betont werden, dass ein Verstärker bestenfalls ein notwendiges Übel ist und dass sich ein durchschnittlicher, halbwegs geübter Redner ohne übermäßige Anstrengung verständlich machen kann, wenn der Zuschauerbereich nicht zu groß ist. Ich will diese Frage aber nicht weiter behandeln, denn es gibt genügend Literatur dazu.

Schließlich liegt noch eine weitere Gefahr in der Anwendung technischer Hilfsmittel. Ein Interpret vertraute mir an, dass er sich auf ihren Einzug in die Interpretation freue, weil er dann mehr Zeit zum Forschen hätte. Es sollte klar sein, dass dies keine sinnvolle Begründung ist. Nicht, dass sich Interpreten nicht der Forschung widmen sollten, wenn sie entsprechend begabt sind; das kann sogar sehr lohnenswert sein. Ich meine nur, dass dies kein guter Grund ist, auf technische Hilfsmittel zurückzugreifen, und in diesem Fall kam eine praktische Erwägung dazu: Das fragliche Gebiet verlangte vor allem nach direkter, mündlicher Interpretation, nicht nach Forschung.

Geräte ersetzen nicht die persönliche Begegnung; als nützliche Alternative und Ergänzung sind sie hingegen akzeptabel.

14

Der beseelte Amateur

Das Wort »Amateur« hat etwas liebenswertes und macht den Menschen, der so genannt wird, sympathisch. Mit Wohlgefallen sprechen wir von jemandem als Amateur und haben dabei einen glücklichen Mann vor Augen, einen lächelnden Mäzen, von schönen Dingen umgeben, die er hoch schätzt. Und was ist ein Amateur wirklich? Zuallererst und hauptsächlich jemand, der sich brennend für Themen interessiert, die außerhalb seines eigentlichen Arbeitslebens liegen.

PIERRE HUMBERT

Mit den Jahren unterliegen auch Worte dem Verschleiß, und manche sehr zu ihrem Nachteil. Als Samuel Johnson sein Wörterbuch[42] verfasste, bedeutete das Wort »officious« so viel wie »freundlich« oder »hilfsbereit«. Inzwischen ist es eine Beleidigung; es bezeichnet jemanden, der sich unverfroren in alles einmischt. Der französische Entdecker Samuel de Champlain bezeichnete Mount Desert Island, wo jetzt der Acadia National Park liegt, als »inhabité«, womit er eine unbewohnte Wildnis meinte – genau das Gegenteil dessen, was das Wort heute ausdrückt.

Aber das traurigste Schicksal hat für mich das Wort »Amateur« erlitten. Ich bin mir nicht sicher, wann genau dieses schöne alte Substantiv in so verdrehter Bedeutung in den allgemeinen Sprachgebrauch Einzug gehalten hat. Für die meisten Leute bezeichnet es heute einen Stümper und Dilettanten, jemanden, der Niedriges fabriziert. Wie schade! Denn dieses Wort meinte einst jemanden, der gar nicht anders konnte, als mit dem, was er tat, glücklich zu sein, weil er es aus Liebe tat,[43] nicht mit der Aussicht auf Ruhm, Überlegenheit oder gar materiellen Gewinn; jemanden, der – Mann oder Frau – Herz und Hirn einer Sache widmete und sich daran erfreute. Ein Hobby also? Nein, mehr als das, obwohl ein gutes Hobby das Leben um Jahre verlängern kann. Nein; wie wir sehen werden, geht es um etwas Höheres, das die Seele stärker befriedigt.

Bedenken wir zunächst, wie bitter nötig es ist, den Amateurgeist zu neuem Leben zu erwecken. Unsere Zeitschriften haben sich in den letzten Jahren mit einer Flut von Artikeln dem akuten Problem gewidmet, vor das der enorme Zuwachs an Freizeit die amerikanische Gesellschaft stellt; ein Problem, das Soziologen, Ökonomen, sogar Psychiater beschäftigt. »Sind Sie ein Wochenendneurotiker?« lautet der Titel einer kürzlich durchgeführten Befragung. Worum es ging, war, dass offenbar Millionen von Amerikanern, die leidenschaftlich darauf hofften, von Arbeit befreit zu werden, sich in den Klauen einer »tief sitzenden Angst vor Entspannung und Muße« wiederfinden, die »Gefühle der Unruhe, manchmal sogar akute Krankheiten auslöst«. Die Gründe dafür liegen auf der Hand: Die Opfer dieser »Wochenendverstimmung« haben keine Übung darin, ihre Freizeit angenehm und fruchtbringend zu gestalten. Aber diese Erklärung schafft noch keine Abhilfe. Planlos und ohne Ideen verbracht, kann freie Zeit ein Fluch sein. Man muss sich nur die alten Römer anschauen, um das bestätigt zu finden. Die siegreichen Mithridatischen Kriege bescherten der traditionellen, arbeitsamen römischen *Polis* eine Flut von Sklaven und Reichtümern aus dem Osten. Das Ergebnis war in der Tat ein Überfluss an Freizeit. Er endete in staatlicher Wohlfahrt und einer sozialen Instabilität, die selbst die fähigsten Herrscher des Reiches nicht unter Kontrolle bekamen.

Heute haben wir es weder mit Sklaven noch mit beutereichen Feldzügen zu tun, aber die Optimierung der Produktion beschert uns gleichermaßen ein Mehr an Freizeit.

Die Griechen des »goldenen« (etwa des perikleischen) Zeitalters scheinen dagegen beträchtliche Erfahrung in der nutzbringenden Verwendung ihrer freien Zeit gehabt zu haben. Auch in Athen gab es Sklaven und eine große Gruppe von Menschen, die weder Sklaven noch wahlberechtigte Bürger waren. Sicher lag auch bei den alten Griechen vieles im Argen, aber nach aller Überlieferung erfreuten sie sich vielseitiger Interessen und traten als Liebhaber der Musik, des Theaters, der Redekunst und der geschliffenen Logik in Erscheinung; wenn man Aristophanes glaubt, hatten sie sogar eine Leidenschaft für Geschworenengerichte und juristische Haarspaltereien. Jedenfalls kann ich mir nicht vorstellen, dass sich der Athener am Wochenende gelangweilt hat. In einer Republik, die so vollendete Künstler und Denker hervorbringt, muss ein Volk wohnen, das ebendieser Lebensart zugetan ist – eine Schar beseelter Amateure. Wer nicht selbst etwas schuf, begegnete den Werken der anderen mit Wertschätzung und ermutigte sie. Welch erfreuliche Vielfalt!

Wenn diese Beobachtungen im Wesentlichen korrekt sind, dann dürften sie für all jene von großer Wichtigkeit sein, die mit Ernsthaftigkeit unsere Nationalparks, die Schutzgebiete der Bundesstaaten, die öffentlichen und privaten Museen und historischen Stätten verwalten und betreiben – kurz: alle Orte, wo Formen der Interpretation eingeführt sind und praktiziert werden. Denn wer sich aufmerksam der Verwaltung eines Schutzgebiets widmet, ebenso wie der Interpret, der äußerste Anstrengung darauf verwendet, dessen großartige Möglichkeiten für Geist und Seele auszuloten, wird sich immer wieder schonungslos und ehrlich die Frage stellen: »Was tue ich hier? Welchen Platz nimmt diese Einrichtung, von der ich ein Teil bin, im Leben Amerikas ein?«

An erster Stelle stehen natürlich Schutz und Erhalt der materiellen Zeugnisse unserer Vergangenheit und Naturgeschichte. Und ich würde sagen, man könnte unsere wertvollsten Schätze mit einigem Recht einfach wegschließen – Zerbrechliches, Unersetzbares, »Vorräte« für die künftige Forschung. Diese Dinge sind uns, was den Hebräern die Bundeslade war: Sie beflügeln, ohne dass man sie sehen muss, allein aus dem Gefühl heraus, dass sie vorhanden und sicher verwahrt sind.

Zum Glück ist das aber, von Ausnahmefällen abgesehen, gar nicht nötig. Wir können diese kostbaren Vorräte *gebrauchen*, solange wir sie nicht *aufbrauchen*. Oder anders ausgedrückt: Wir dürfen unser Kapital nicht verschwenden, aber wir sollten es kräftig arbeiten lassen.

Nur wie? Das ist die Frage, die sich Interpreten stellen. Eine allgemeingültige Antwort wäre: das Geschützte erhalten, so dass alle Menschen Zugang zu den Quellen haben, die unsere natürlichen und historischen Wurzeln verkörpern – und natürlich sollen sie die Entspannung und den Reiz des Neuen genießen dürfen, den ihnen das Eintauchen in eine Welt außerhalb der täglichen Routine, in die Sphären der Kunst und Schönheit, das Aufnehmen wichtiger Impulse und das Erleben bewegender Momente ermöglichen. Wie aber verwandelt man dieses löbliche Ziel in ein bleibendes Interesse, das nicht endet, sondern erst richtig auflebt, wenn unser Besucher den Park, das Museum, die historische Stätte verlassen hat?

Selbst wenn es wünschenswert wäre – und das ist nicht der Fall –, durch den Besuch dieser Orte zu einem Volk von qualifizierten Spezialisten zu werden, weiß der Interpret, dass das unmöglich ist. Die Früchte, die der Besucher von unseren Bildungsangeboten mit nach Hause nimmt, sind erbärmlich klein, denn er ist nicht gekommen, um sich zu bilden. Er kommt, um etwas Neues zu sehen oder auszuprobieren. Ist der Grand Canyon wirklich so toll, wie Joe Smith erzählt hat? Alle sagen, dass man Fort Laramie unbedingt gesehen haben muss und auch Vanderbilt Mansion und Monticello. »Gut, hier bin ich«, sagt der Besucher. »Führen Sie mich herum.«

Ohne es zu wissen, ist er damit in eine hübsche Falle getappt. Seine Neugier und die Unbestimmtheit seiner Absichten sind die Chance des Interpreten. Worin besteht sie? Nun, sicher nicht darin, ihn mit einem Sack voller Fachwissen nach Hause zu schicken. Falls er in Fort Laramie[44] ist, wird er sich kaum merken, ob der Name eines gewissen unglückseligen Kommandanten Fetterman, Winckelman oder Peabody war oder in welchem Jahr das Fort gegründet wurde. Nein, es geht darum, einen beseelten Amateur aus ihm zu machen – mit der spannenden Geschichte des großen amerikanischen Zuges zur Westküste, dem Trotten benagelter Stiefel über den Oregon Trail in Richtung Sonnenuntergang, der Eroberung des Westens, dem Erblühen der neuen Hoheitsgebiete. Die Geschichte von Fort Laramie ist ein wichtiger Teil davon, aber nur das Gesamtbild wird im Besucher die Liebe entzünden, die seine Freizeit sinnvoll in Beschlag nehmen kann.

Solche beseelten Amateure gibt es schon; eine große, große Menge, aber noch lange nicht so viele, wie es unserem Gemeinwohl zuträglich wäre. Da sind Gruppen, die sich »The Westerners« nennen: beseelte Amateure! Es mögen einige studierte Historiker unter ihnen sein, aber die Mehrzahl kommt aus ganz verschiedenen Berufen. Sie versammeln sich nicht nur, um am Büfett zu stehen und die Gläser zu erheben, sondern um sich über die faszinierenden geschichtlichen Nachforschungen auszutauschen, die sie alle mit Liebe betreiben. Gleiches gilt für die vielen Gruppen, die unter dem Namen »Civil War Round Tables« bekannt sind – Amateure, die sich mit unserem eigenen Bürgerkrieg beschäftigen. Wer jemals eines ihrer Treffen besucht hat, wird den Gedanken verwerfen, diese Menschen hätten Probleme, ihre Freizeit angenehm zu gestalten. Sicher gibt es auch Neurotiker unter ihnen, aber eine Neurose entsteht nicht aus solchem Grund.

Und das erinnert mich wieder daran, dass man keine Ausbildung und keinen Abschluss braucht, um als Amateur in der Wissenschaft oder Kunst tätig zu sein. Marc Navarrete und sein Vater Fred, die eine Ranch bei Naco, Arizona, betreiben, sind ein erhebendes Beispiel dafür. Dr. Emil W. Haury von der University of Arizona schrieb über diese beiden Männer: »Die beispielhafte Einstellung und Aufmerksamkeit der Navarretes sind ein Leuchtfeuer der Hoffnung für das Verhältnis zwischen Laien und Spezialisten. Ich wünsche mir aufrichtig, dass diese Männer in ihrer Arbeit, die einen bedeutenden Beitrag zum besseren Verständnis der menschlichen Frühgeschichte des Südwestens geliefert hat, anhaltende Befriedigung finden werden.«

Etwa fünfzehn Jahre lang hatten Fred und Marc Navarrete das periodisch wasserführende Flussbett des Greenbush Creek beobachtet, wie es durch Erosion immer breiter und tiefer wurde. Ich weiß nicht, wodurch ihr Interesse an der Archäologie geweckt wurde; gut möglich, dass ein Besuch in einem der archäologisch bedeutsamen Nationalparkgebiete des Südwestens der Auslöser war. Jedenfalls benachrichtigte Marc Navarrete im September 1951 das Arizona State Museum von der Entdeckung zweier großer Pfeilspitzen in Verbindung mit Mammutknochen. Als guter Amateur wusste er um die Bedeutung seines Fundes. Ebenso, wiederum als guter Amateur, begriff er, dass weitere Untersuchungen Sache der Fachleute sein müssten. Nachfolgende Ausgrabungen am Greenbush Creek und die Funde von weiteren acht Pfeilspitzen belegten, dass hier vor mindestens 10 000 Jahren ein Tier getötet und zerlegt worden war. Emil Haury bezeichnet die Entdeckung als »Triumph des Amateurgeistes«. Man kann sich die Navarretes kaum ruhelos und kränklich vorstellen, etwa, weil ihre Wochenenden langweilig gewesen wären.

Weiter oben in diesem Kapitel habe ich vom Unterschied zwischen dem Amateur und demjenigen, der ein Hobby betreibt, gesprochen. Ich will mich über Hobbys nicht lustig machen. Sie können letztlich gute Amateure hervorbringen, und oft ist das auch der Fall. Ich glaube aber, verallgemeinernd gesprochen, dass es bei einem Hobby um *Dinge* geht, während sich der Amateur vorrangig mit Gedanken, Ideen und Kultur beschäftigt. Das Sammeln von Münzen ist zum Beispiel ein durchaus lohnenswertes Hobby. Man ist damit aber fertig, wenn die Sammlung von Pennys aller Zeiten und Prägungen komplett ist. Wer der Sache noch nicht überdrüssig ist, fängt mit einer anderen Münze von vorn an.

Aber angenommen, jemand interessiert sich für antike griechische oder römische Münzen. Lange bevor die Sammelwut sein Budget erschöpft hat, haben ihn die Geldstücke mit dem wirtschaftlichen und sozialen Leben dieser untergegangenen Völker vertraut gemacht. Ich bin kein Numismatiker, aber wenn ich auf einer römischen Münze die

Worte *Annona* oder *Liberalitas*[45] sehe, dann weiß ich, dass hier eine Geschichte vom langsamen Bankrott des Reiches erzählt wird, und eine gefälschte Silbermünze des Gallenius zeigt mir das Ende jenes wirtschaftlichen Eiertanzes an, die Zeit, als die Herrscher keine Gaben mehr austeilen konnten, um den Mob zu besänftigen.

Genauso bei den griechischen Münzen. Man entwickelt ein Verständnis dafür, warum die Athener »Eulen« bei anderen Ländern, die ihre Währungen verpfuscht hatten, so begehrt waren: Es war »hartes Geld«. Selbst in den schlimmsten Momenten unkluger Politik schafften es die Athener, den Vogel der Minerva nicht zu entwerten. Pereskius, ein Gelehrter der späten Renaissance – kein Berufshistoriker, sondern ein Amateur –, studierte die Geschichte der Antike anhand von Münzen.

Mir scheint, dass wir fast unzählige Möglichkeiten haben, in den Naturräumen und wissenschaftlichen Einrichtungen des Bundes, der Länder und der Gemeinden beseelte Amateure heranzubilden. Schon gibt es Hunderttausende von Menschen, die sich für Vögel, Steine und Minerale, Blumen und Bäume, selbst für Meteorologie begeistern, ohne solche Interessen jemals zum Beruf machen zu wollen.

Kürzlich wurde überall eine Pressemeldung aus Ottawa, Kanada, abgedruckt:

SCHREIKRANICHE SIND AUSGEBLIEBEN[46]

Man könnte meinen, dass sich im Getriebe der Weltpolitik niemand darum schert, ob irgendwelche Kraniche irgendwo ankommen, nicht einmal, ob sie jemals losgeflogen sind. Aber Nachrichtenagenturen verschwenden keine Zeilen. Und tatsächlich erreichte diese Meldung viele Menschen, die mit Sicherheit nie einen Schreikranich sehen werden, aber Amateure des Tierschutzes im edelsten Sinne sind. Weil Wildtiere wertvolle Zeugnisse der Evolution darstellen und, wie es Arthur Thompson ausdrückte, »diese einfacheren Wesen mit uns zusammen in den Strauß des Lebens gebunden sind«, sollte man nicht dulden, dass auch nur eine Art ausstirbt – wenigstens nicht durch unser Verschulden.

Das Interesse an Steinen und Mineralen ist im letzten Vierteljahrhundert besonders bei Kindern verblüffend gewachsen und steigt nach wie vor. Ein Müslihersteller kam unlängst auf die Idee, in jede Packung ein Steinchen eines Minerals zu tun, mit der Aussicht auf eine Anzahl weiterer Sorten. Die Proben waren von unbedeutender Größe und ohne einen Hinweis kaum des Interesses wert. Dennoch: im Kontext moderner Werbung ein denkwürdig menschlicher und intelligenter Zug.

Einmal mehr weise ich auf den Unterschied zwischen dem bloßen Sammeltrieb (der an sich keine schlechte Sache ist) und dem Amateurgeist hin, der höhere Ideen verfolgt und mehr Befriedigung verschafft. Man kann ein Kästchen mit den schönsten Kristallen anfüllen – Quarze, Turmaline, Granate und Ähnliches –, ohne sich groß Gedanken über das Geheimnis unserer anorganischen Begleiter zu machen. Wer aber einen unscheinbaren Stein in der Hand hält und überlegt, dass er und seinesgleichen, durch kleine Pflänzchen, Sonne, Schnee und andere Kräfte zu Erde erodiert, unser Leben erst möglich gemacht haben; wer auf einem von der Eiszeit übrig gelassenen Findling sitzt und daran denkt, wie einstmals Pflanzen und Tiere, vielleicht sogar die Menschen dieses Landstriches nach Süden wandern mussten, weg von der unbegreiflichen, zunehmend bitteren Kälte; wer sich aus Steinen und Mineralen unsere eigenen, zerbrechlichen Ursprünge zusammenreimt, der ist auf dem Weg zum beseelten Amateur. Wer jemals eine Busladung von »Steinjägern« auf einer Bergbauhalde oder in einem alten Steinbruch hat herumkraxeln sehen, wer eines ihrer Treffen besucht hat, wo Fundstücke und Erfahrungen ausgetauscht werden, der wird zu dem Schluss kommen, dass zumindest ein Teil unserer Bevölkerung keine Gefahr läuft, neurotisch zu werden, weil ihre Freizeitbeschäftigung viel aufregender ist als jede Neurose.

Sehen wir den Tatsachen ins Auge: Die meisten Menschen haben heute mehr freie Zeit, als sie zur Bereicherung von Geist und Seele zu verwenden in der Lage sind. In Zukunft wird sich der Anteil der Freizeit sicher noch erhöhen. Offizielle Bildungseinrichtungen widmen sich kaum oder gar nicht der Aufgabe, diese Lücke zu füllen. Das heißt nicht, dass es ihre Aufgabe wäre. Vielleicht sind sie tatsächlich nur dafür zuständig, leistungsfähige Fachleute, intelligente Hersteller von Waren und Werten auszubilden. Sicherlich wäre ein durchschnittlicher Pädagoge befremdet, wenn man ihm vorschlüge, einen Kurs in der »hohen Schule der Freizeitgestaltung« anzubieten.

Die Erwachsenenbildung scheint, falls das eine Rolle spielt, in dieselbe Richtung zu gehen. Sie schließt Lücken, die durch persönliches Unglück, fehlende Möglichkeiten, Trägheit oder verzögerte Entwicklung entstanden sind, aber ihr Ziel ist anscheinend in etwa dasselbe: bessere Arbeiter und Fachleute hervorzubringen. Die Gestaltung der Wochenenden nimmt sie uns nicht ab.

Unter diesen Umständen scheint mir, dass die große Hoffnung, wenn es darum geht, Menschen bei einer befriedigenden und fruchtbringenden Freizeitgestaltung zu unterstützen, auf unseren National-, Staats- und Gemeindeparks, den Museen und anderen kulturellen Einrichtungen liegt. Und ebendiese Anzeichen weisen auch darauf hin, dass hier die größte Herausforderung für den Interpreten liegt: herauszufinden, was er tun kann und sagen soll, wie er den Weg weisen kann; wie eine Verbindung zwischen dem Leben des Besuchers und den hier gehüteten Schätzen, und sei es nur ein einziger von ihnen, herzustellen ist; schließlich, wie man dem ziellos ankommenden Besucher den Gedanken eingibt: »Ich glaube, dafür könnte ich mich interessieren.« Hier haben wir ein Ideal, für das es sich zu arbeiten lohnt. Einer Sache bin ich mir aber sicher: Es lässt sich nicht durch das bloße Ausstellen von Gegenständen erreichen, nicht durch die bloße Vermittlung von Information. Es ist eine Frage von Geist und Seele, und, um eine bündige Zusammenfassung zu wagen: Dieses Ziel muss spirituell und mit Wahrheitsliebe verfolgt werden.

Was den »beseelten Amateur« angeht, ist mir bewusst, dass ich ein wenig übertrieben habe. Selbst im günstigsten Falle können wir nicht alle erreichen. Trotzdem ist das Ideal ein gutes. Und wir sollten das schöne Wort »Amateur« von seinem Schattendasein erlösen, es aufpolieren und reichlich benutzen.

Denn selbst Benjamin Franklin war Amateur. Er verkehrte mit Königen, war Mitglied wissenschaftlicher Gesellschaften, Erfinder, Diplomat, ein Mann der Politik und Literatur; aber sein Testament begann mit den Worten: »Ich, Benjamin Franklin, Drucker …«

Das Druckerhandwerk war Franklins Beruf; auf den anderen Gebieten betrachtete er sich als beseelten Amateur, und was er dort tat, tat er in seiner Freizeit.

Partizipation steigert den Wert der Interpretation. Indem die Interpretinnen und Interpreten den Gästen persönlichen Kontakt zum Gegenstand verschaffen, wird das eigenständige Interpretieren gefördert.

Schweizerischer Nationalpark, Schweiz

Eigene Erfahrungen sammeln,
anstatt mit Zahlen und Fakten konfrontiert zu werden,
machen einen Besuch unvergesslich.

Nationalpark Donauauen, Österreich

Nationalpark Kalkalpen, Österreich

Durch die Verwendung von verschiedenen Techniken rücken auch in Museen die Phänomene ins Zentrum.

Vasa Museum, Schweden

Auf sieben Ebenen machte das Vasa Museum in Stockholm
ein fast 400 Jahre altes Schiffswrack
von allen Seiten erfahrbar.

Römerstadt Carnuntum, Österreich

»Rolleninterpretation« ermöglicht
eine Reise in die längst vergangene Zeit des Römerlagers.

Was tun, wenn das Phänomen im Mittelpunkt stehen soll, aber so tot ist wie ein Saurierskelett? Durch bewegliche Lichtquellen wird es hier zum wandernden Schatten.

National Museum, Wales

Schautafeln im Gelände helfen den Gästen zu interpretieren, was sie sehen. Der Text enthüllt, was sich hinter den Fakten verbirgt.

Hier arbeitete Caspar David Friedrich an seinem berühmten Gemälde »Wanderer über dem Nebelmeer«.

Nationalpark Sächsische Schweiz, Deutschland

Tafeln verlieren ihre Wirkung, wenn das Phänomen nicht mehr vorhanden ist. Diese Tafel lässt sich je nach Saison leicht demontieren.

Interpretationspfad Altrhein, Deutschland

Jarlshof, Schottland

Die Position von Tafeln spielt eine wichtige Rolle. Hier haben die Gäste vor der Tafel stehend das Phänomen direkt im Blick. Aus weiterer Entfernung ist die Tafel kaum sichtbar.

Neue Medien finden auch in der Interpretation immer mehr Anwendung.

Richtig eingesetzt, können sie Interpretinnen und Interpreten bei ihrer Arbeit unterstützen …

Nationalpark Bayerischer Wald, Deutschland

… oder die Gäste anleiten, das Phänomen selbst zu interpretieren.

Nationalpark Gesäuse, Österreich

*Interpretation sollte idealerweise allen zugänglich sein.
Oft muss man sich speziell auf die einzelnen Zielgruppen einstellen.*

Nationalpark Gesäuse, Österreich

Der Boden in Reichweite. Um diese Erfahrung zu ermöglichen, wurde der Weg abgesenkt.

Nationalpark Eifel, Deutschland

Besucherzentren bereiten auf das kommende Erlebnis vor. Oft wird hier ein einführender Film gezeigt und ein Überblick über Dinge gegeben, die die Gäste erwartet.

Nationalpark Harz, Deutschland

Nationalpark Bayerischer Wald, Deutschland

*Schönheit an sich bedarf keiner Interpretation.
Später tauchen Fragen auf, wie: »Welche gewaltigen Naturkräfte haben das geschaffen?« Das ist der Moment, in dem die Interpretinnen und Interpreten gefragt sind.*

Nationalpark Bayerischer Wald, Deutschland

Nationalpark Donauauen, Österreich

Nationalpark Harz,
Deutschland

Nationalpark Gesäuse, Österreich

Nationalpark Hohe Tauern Kärnten, Österreich

Nationalpark Hohe Tauern Tirol, Österreich

Nationalpark Kalkalpen, Österreich

Nationalpark Sächsische Schweiz, Deutschland

Schweizerischer Nationalpark, Schweiz

Nationalpark Schleswig-Holsteinisches Wattenmeer, Deutschland

Interpretation bietet die besondere Möglichkeit, eine ganzheitliche Betrachtungsweise der Landschaft zu schaffen, die sowohl das Natur- als auch das Kulturerbe umfasst.

Nationalpark Hohe Tauern Tirol, Österreich

Nationalpark Schleswig-Holsteinisches Wattenmeer, Deutschland

Schloss Eckartsau, Österreich

Stift Admont, Österreich

15

Noch ein Blick auf das Schöne

Wahrheit, Güte und Schönheit sind nur verschiedene Seiten desselben großen Ganzen. Schönheit in der Natur ist nicht das Letztgültige. Sie ist Botschafterin einer inneren, ewigen Schönheit … sie muss als Teil, noch nicht als letzter oder höchster Ausdruck des Urgrundes der Natur angesehen werden.

RALPH WALDO EMERSON

I

Im Februar 1965 ließ Präsident Lyndon Baines Johnson dem Kongress der Vereinigten Staaten eine Botschaft »Zur natürlichen Schönheit unseres Landes« zukommen – ein in der Weltgeschichte vermutlich einmaliges Regierungsdokument. Wann hat jemals der führende Kopf einer Nation die lebenswichtige Bedeutung von Schönheit für das menschliche Wohlergehen verkündet und zur Rettung der Überbleibsel eines großartigen Erbes aufgerufen, das eine fieberhaft vorwärtsdrängende, rücksichtslose Technologie bis zur Hässlichkeit entstellt hat? Ein großer Entwurf. Und die Zeit, zu bewahren und wiederherzustellen, mit der nachlässigen Schlamperei des Wohlstands aufzuräumen, ist jetzt.

Goethe schrieb: »Das Nützliche befördert sich selbst, denn die Menge bringt es hervor, und alle können's nicht entbehren; das Schöne muss befördert werden, denn wenige stellen's dar und viele bedürfen's.«[47]

Tatsächlich hängt Nützlichkeit von nichts als einigen materiellen Voraussetzungen ab; darüber kann kein Zweifel bestehen. Und dass die ursprüngliche Landschaft Amerikas gewaltige Veränderungen erfahren hat, war unausweichlich: dass ihre reichen Rohstoffvorräte begierig erschlossen und ausgebeutet wurden; dass die Prärie umgepflügt, Flüsse nutzbar gemacht und Straßen ins Land getrieben wurden, dass unberührte Wälder fallen mussten. Man kann nicht erwarten, dass ein Volk, das ein erfüllteres und bequemeres Leben anstrebt – von einigen wenigen mit Weitblick gesegneten Geistern abgesehen – philosophische Beschränkung übt. Es ist keine Schurkerei in diesem allzumenschlichen Drama, nur ist die Folge ein trauriges Ungleichgewicht: Der Mensch lebt nicht von Brot und Maschinerie allein. Abermilliarden Dollar und aller Luxus der Welt füllen nicht die Lücke, die fehlende Schönheit im Leben zurücklässt.

Das Ungleichgewicht ist da, es ist erschreckend greifbar. Wir haben eine explosiv wachsende Bevölkerung, vor der die Orte natürlicher Schönheit mit derselben Geschwindigkeit zurückweichen, wie sie aufgesucht werden; städtische Slums, mit kränklichen, heruntergekommenen Menschen gefüllt; Straßen, von scheußlichen Autowracks und dem vulgären Geschrei der Geschäftswelt gesäumt; rauchgeschwängerte Luft; Flüsse, Seen und Meeresküsten, die so mit Schmutz und Chemikalien überfrachtet sind, dass Fische sterben und Menschen um ihre Gesundheit fürchten müssen. Präsident Johnsons Botschaft umreißt in gemäßigter Wortwahl das ganze düstere Bild.

Wird der Appell des Präsidenten Wirkung zeigen? Es gibt Anzeichen dafür. Die Natur wird Zeit brauchen, um sich zu erholen. Auch ein kranker, missbrauchter menschlicher Körper heilt langsam, der kranke Geist noch langsamer. Auf allen politischen Ebenen gibt es Anzeichen eines Erwachens; aber wir haben es mit einer Warnung zu tun, die jedem Bürger begreiflich werden muss.

Josiah Royce sagte, dass der Philosoph Immanuel Kant »wenig an edlen Gefühlen interessiert war, aber eine starke natürliche Hochachtung vor großen, übergreifenden persönlichen und sozialen Unternehmungen hatte, die von einer Idee geleitet wurden«. Das passt in unsere Zeit. Der Aufruf, die Schönheit in Stand und Ehren zurückzuversetzen, kann nicht beim »edlen Gefühl« stehen bleiben. Er verlangt Taten, und nicht nur auf dem Gebiet der Gesetzgebung; er muss *uns allen* zu Bewusstsein kommen.

II

Doch Johnsons Botschaft an den Kongress hat weit umfassendere Bedeutung, als es bei oberflächlicher Betrachtung erscheint. Worin besteht Naturschönheit? Was ist Schönheit überhaupt?

Die klügsten Philosophen haben vergeblich versucht, das menschliche Empfinden, das wir mit »Schönheit« bezeichnen, zu erklären oder zu definieren. Jede Sprache hat ein entsprechendes Wort dafür. Paul Shorey sagte, dass das Gefühl für Schönheit »etwas von einer edlen Unruhe« hätte, nämlich dem »Streben nach einer höheren Qualität, als sie das tägliche Leben bietet«. Die Liebe zur Schönheit, fügt er hinzu, wird zum Wegweiser auf der Suche nach dem Guten und Wahren. Obwohl das zunächst etwas vage klingt, zeigt es uns den Weg, den unsere Suche nach Verständnis nehmen muss. Ganz klar geht es um eine Wesenheit, die außerhalb unseres Ausdrucksvermögens liegt. Wir können ihre Präsenz aber fühlen, und das tun wir auch.

Im Reich der Naturschönheit, vorwiegend mit den Augen, aber auch mit anderen Organen wahrnehmbar, sind es zuerst die spektakulären Dinge, die uns überwältigen. Der Ausdruck »atemberaubend« klingt abgedroschen, trifft aber zu. Gefühlsaufwallungen beschleunigen den Puls. Jenseits dieser Reaktion stellt sich vielleicht die Erkenntnis ein, dass das, was wir wahrnehmen, nur ein farbenprächtiger Gruß ist. Hinter den Kulissen liegt eine Unendlichkeit von einzelnen Schönheiten. Wer ein Verständnis für diese naturbildenden Elemente entwickelt, lernt auch, dass es nichts Hässliches in der Natur geben kann. Nichts. Die scheinbaren Ausnahmen sind nur Facetten der Schönheit, die wir noch nicht begriffen haben.

Egozentrisch, wie wir sind, denken wir manchmal, dass die Natur ihre Schönheiten speziell für uns bereitstellt. Wenn mir eine harmlose kleine Fantasterei gestattet ist, möchte ich ein Gespräch mit der Natur nachstellen. Nachdem sie unsere Meinung zum Thema Schönheit geduldig angehört hat, würde die Natur vielleicht etwa so antworten:

»Ich weiß, warum du dich irrst. Es liegt an deinem sehr begrenzten Wissen. Du denkst, ich hätte eine Dienststelle für Schönheit – dass Schönheit ein Aufgabenbereich meiner Arbeit wäre. Aber nein, Schönheit ist gar nicht meine Absicht. Ich *bin* Schönheit. Ich bin Schönheit und jede Menge anderer Dinge, die du mit Abstraktionen wie Ordnung, Harmonie, Wahrheit, Liebe zu erfassen suchst. Hinter dem Zauber, den du in meinen Landschaften erblickst, liegt eine *absolute Schönheit*, und ich bin eines ihrer Ausdrucksmittel. Du verstehst mich nicht? Ich weiß, dass es schwierig ist. Aber du versuchst es. Das gefällt mir an dir, kleiner Mensch.«

Nein, wir können das alles nur schemenhaft erfassen, und das Mysterium wird uns vielleicht niemals in Ruhe lassen. Aber was wir erleben, sind Tatsachen – zum Glück für unser geistiges Wohlbefinden. Und Tatsache ist, dass uns die Gegenwart unbefleckter, unerschlossener, »roher« Natur über uns selbst hinaus erhebt. Wer zum ersten Mal nach Yosemite oder in die Redwoods[48] kommt, vor den Alpen, den Bergen des Teton Range oder den Iguazú-Wasserfällen[49] steht oder ein vergleichbares Schauspiel irgendwo auf der Welt erlebt, dessen Gedanken und Gefühle empfangen eine unauslöschliche Färbung, wie er sie vorher nicht kannte. Das sind die Tatsachen. Eine metaphysische Erkenntnisdiskussion darüber mag fesselnd sein; entscheidend ist sie nicht. Man wächst, gewinnt Größe und Aufnahmefähigkeit, und nicht nur das: Man wird sensibler für das Gegenteil der Schönheit – Hässlichkeit, Verunstaltung, Disharmonie.

Obwohl die rein ästhetische Seite der absoluten Schönheit nur ein Prolog des Ganzen ist, sollte man ihre Wichtigkeit nicht unterschätzen. Sie ist so grundlegend wie die Buchstaben des Alphabets. Ohne Buchstaben keine Worte, und ohne Worte keine Verständigung.

III

Die Zeit ist reif für eine Bestandsaufnahme, wie sie der Präsident gefordert hat. Es war gedankenlos von unserem Volk, die Schönheit der Nützlichkeit zu opfern; immer noch aber können wir uns vieles zugute halten. In einer Epoche explosiven Wachstums, wie sie nur wenige Nationen erlebt haben, im Besitz von Technologien, die am Ende mehr als nur ein bisschen furchterregend geworden sind, haben wir es geschafft, ein System von Nationalparks auszuweisen und klug zu bewirtschaften, das in der Welt bewundert wird. Es stimmt, dass wir in einer besonders vorteilhaften Situation waren und die Zeit für uns gearbeitet hat. Aber es stimmt auch, dass wir von den frühesten Tagen an eine große und beredte Gruppe vorausschauender Männer und Frauen hatten, die sich der Notwendigkeit des Bewahrens unserer Kulturschätze und eines intakten Erbes bewusst waren, bevor es zu spät war, wie in manch anderem Land. Man kann deshalb in der heutigen Situation nicht unbedingt sagen, wir hätten die spirituellen und moralischen Werte vernachlässigt – wir haben nur der bedrückenden Wahrheit nicht genügend Rechnung getragen, dass »das Nützliche sich selbst befördert«, während Erhaltung und Förderung des Schönen immer aufs Neue einen starken Glauben und die wachsame Zuwendung eines Hüters benötigen. Und unsere Gebiete, in denen Naturschönheit unter Schutz steht, und die Denkmale der Vergangenheit werden nicht gedeihen und die Menschen begeistern können, wenn sie zu Inseln in einer Umgebung allgemein gebilligter Hässlichkeit werden. Das würde unsere Verehrung für das Schöne zunichtemachen. Um es mit Lincoln zu sagen: Unsere kulturellen und spirituellen Bestrebungen verkümmern in einer Welt, die halb schön und halb abscheulich ist. Man kann nichts Unmögliches erwarten. Aber wir mit unserer mechanisierten und kontrollierten Bewirtschaftung der Natur, die wir bekennen, dass wir vieles an natürlicher Schönheit physisch beschädigt und das als unvermeidlich hingestellt haben, müssen kundtun, dass wir den Geist nicht verloren haben und ihn in unserem Wirtschaften berücksichtigen. Hier haben wir versagt.

IV

Wie gesagt, diese Botschaft betrifft nicht nur die Gesetzgebung, obwohl das zwingend erforderlich ist, sondern sie sollte uns alle zum Nachdenken anregen. Welche Folgen hat sie beispielsweise für die Arbeit in den Nationalparks, wo wir über so viel Naturschönheit – majestätische und Ehrfurcht gebietende wie auch weniger offensichtliche, gar versteckte – gebieten? Schönheit zu behüten und zu interpretieren, das ist exakt die Aufgabe des National Park Service. Wie könnte es anders sein? Der Interpret, ob er Naturkundler, Ranger, Historiker oder Techniker ist, fungiert als Vermittler dieses wertvollen kulturellen Reichtums.

Schönheit, universell gesehen, hat unzählige Seiten. Für die Arbeit als Interpreten, denke ich, sind es aber nur vier Aspekte, mit denen wir uns näher beschäftigen müssen:

1. Der sinnliche Kontakt des Besuchers mit landschaftlicher Schönheit, mit »Wildheit«.

Es ist ein Axiom, dass Naturschönheit, wie sie unsere Sinnesorgane wahrnehmen, keiner Interpretation bedarf: Sie interpretiert sich selbst. Der Interpret ist hier nur Führer und Begleiter. Er führt seine Gruppe zu den verlockendsten Schauspielen, die er entdeckt hat, und schweigt. Denn soll er die Rose parfümieren? Selbst des Wortes »Schönheit« enthält er sich. Den Besuchern vorzugeben, dass sie die Landschaft oder das Lied der Einsiedlerdrossel als schön zu empfinden haben, wäre sogar eine Beleidigung. Sie wissen es selbst. So gesehen ist Schönheit ein kostbarer persönlicher Besitz des Einzelnen: Er ist schockiert, gefesselt, er ist ein Entdecker; und was er entdeckt, ist mehr als er sieht oder hört. Er hat etwas bislang Unerkanntes in sich gefunden. Nein, diese Seite der Schönheit müssen wir nicht interpretieren. Sie offenbart sich selbst.

2. Die Schönheit des geistigen Erlebens, das uns die Ordnung der Natur enthüllt.

Genau an diesem Punkt beginnt das Amt des Interpreten. Es gibt eine verborgene Schönheit, die sich den Sinnen nicht zeigt. Diese Art von Schönheit nimmt zwei Gestalten an: als Enthüllung des natürlichen Schönen, das wir uns als Ordnung vorstellen – Natur, wie sie arbeitet –, und als Schönheit der geistigen Entwicklung des Menschen, die es ihm ermöglicht, dies zumindest teilweise zu verstehen. Welche Kräfte haben geschaffen, was wir als schön ansehen und empfinden?

Ziel dieses Buches war es, neben einer vorläufigen Definition des Interpretierens, eine Reihe von Grundsätzen zu formulieren, deren sich der Interpret bedienen sollte. Was die Definition angeht, hat sie mich nie ganz zufriedengestellt; da jedoch anscheinend niemand eine bessere anbieten kann, bleibe ich dabei. Aber in Bezug auf die Kommunikation von Angesicht zu Angesicht, die der Interpret mit den Millionen Besuchern unserer Parks zu pflegen das Privileg hat, glaube ich inzwischen, dass ich etwas vergessen habe – etwas äußerst Wichtiges.

Ob wir es so nennen oder nicht: Interpreten beschäftigen sich mit einer Art von Bildung. Nicht mit der Art, die in der Schule praktiziert wird. Wir machen Lernangebote, wenn man so will, jedoch keine akademischen. Unsere Angebote zielen nicht darauf ab, etwas mit dem Zuhörer zu tun, sondern ihn zu veranlassen, etwas mit und für sich selbst zu tun. Das ist eine heikle Aufgabe, und sie erfordert sehr viel Umsicht.

Wer Urlaub macht, möchte keine Vorlesungen hören. Er besucht einen Park nicht, um fortgebildet zu werden. Selbst der scharfsinnigste – das heißt, der erfolgreiche – Interpret muss sich bewusst sein, dass der Stoff, mit dem er arbeitet, von Natur aus – nun ja, nicht trocken, aber zumindest etwas angewelkt ist. Wir wenden uns an den Kopf, an den Geist.

Könnte man nun dieser ehrenwerten Tätigkeit nicht einen Aufruf an die Herzen mitgeben? Etwas von dem Effekt einbauen, den die Natur so leicht und im Vorbeigehen erzielt, indem sie uns schöne Landschaften präsentiert? Erosion und Gebirgsbildung, die Anpassung der Lebewesen an ihre Umwelt; die große und lebenserfüllte Gemeinschaft des Organischen, von der wir Menschen nur ein Teil, wenngleich ein beherrschender, sind – all diese spannenden Offenbarungen unserer Rolle in der Natur stellen wenigstens Aspekte des Schönen dar. Wenn der Interpret fühlt, dass dem so ist, kann er dieses Gefühl auf andere übertragen. Nicht, indem er darüber predigt; um Himmels willen, nein. Es soll ja empfunden, nicht erklärt werden. Wer aber intensiv fühlt, kann sein Gefühl auch weitergeben.

Wir betrachten die Landschaften, die wir sehen, und die Laute der Natur, die wir hören, als Schönheit. Wie sind sie zustande gekommen? Durch Vorgänge, über die die Wissenschaft mehr zu erfahren trachtet. Aber was immer wir entdecken, eines ist sicher: Diese Vorgänge sind noch schöner als das, was unsere Augen und Ohren wahrnehmen. Deshalb dieser Aufruf an die Herzen, die Seelen oder wie immer man es nennen will – an dasjenige, das sich immerfort nach Erfüllung, nach Wärme sehnt. Zusammen mit dem Verstehen ist dieses Fühlen das Ziel der Interpretation.

Robert S. Mulliken, ein großer amerikanischer Chemiker, Nobelpreisträger des Jahres 1966, schrieb einmal etwas, das mein Denken über die Welt der natürlichen Schönheit nachhaltig beeinflusst hat: »Der Wissenschaftler muss äußerst großzügig sein, wenn er nach Ideen sucht, die *der Natur gefallen könnten*, und geduldig, beherrscht und demütig, wenn die Natur seine Ideen wieder und wieder zurückweist, bis er eine findet, die ihr *tatsächlich gefällt*. Wenn der Wissenschaftler schließlich eine solche Idee gefunden hat, entwickelt sich eine intime Vertrautheit zwischen ihm und der Natur.« (Die Hervorhebungen stammen von mir.)

Wer als Nichtwissenschaftler versteht, was Mulliken mit den Worten »der Natur gefallen« meinte, der beginnt, den Wissenschaftlergeist zu verstehen. Er begreift, was ein echter Mathematiker meint, wenn er von einer »schönen Gleichung« spricht – die Formulierung einer Idee in kunstvoller Form mit einem Geringstmaß an Mitteln. Wir »gefallen der Natur«, wenn wir Schönheit suchen, finden und empfinden. So einfach ist das und dennoch so schwierig zu erreichen und aufrechtzuerhalten in einer Welt, die von Märkten beherrscht wird.

3. Die Schönheit menschlicher Werke: das Bemühen, Schönes hervorzubringen.

Wenn es um Menschengemachtes geht – um den Impuls des Menschen, mit seinen Händen etwas von der gleichen Qualität herzustellen, die er in seiner natürlichen Umgebung beobachten kann –, begeben wir uns in schwieriges und unüberschaubares Gelände, in dem wir oft nur mutmaßen können.

Ein steinzeitlicher Künstler hat in die Wandung einer Höhle bei Altamira das Bild eines davonlaufenden Hirsches geritzt. Die Zeichenkunst dieses Urmenschen, aus genauer Beobachtung resultierend, ist nach modernen Maßstäben etwas Schönes. Aber war Schönheit seine Absicht, oder ging es um die Versöhnung mit dem Jagdgeist – um einen Zauber, der die Versorgung mit Fleisch sichern sollte, etwas Nützliches mithin? Wir wissen es nicht; sicher schadet es aber nicht, beides anzunehmen. Ich habe den Kopf einer einst bei indianischen Ritualen gerauchten Pfeife in der Hand gehalten, aus rotem Tonschiefer gefertigt, wie er im südwestlichen Minnesota vorkommt, in diesem Fall aber im nördlichen Teil des Staates Mississippi abgebaut – das Werk eines vorgeschichtlichen Künstlers. Der Pfeifenkopf hat die Form eines sitzenden, nachdenkenden Mannes: ein Vorläufer der berühmten Rodin-Skulptur und kein bisschen weniger beeindruckend. War Schönheit die Absicht dieses frühen Kunstschaffenden? Ich glaube schon, obwohl auch eine religiöse Sinngebung denkbar ist.

Ganz klar bewegen wir uns aber hier im Reich der Überlieferung, des Geschmacks und der veränderlichen Maßstäbe des Urteils. Wer die Geschichte menschlichen Wirkens interpretiert, behandelt nicht Schönheit als solche, sondern des Menschen Einstellung zur Schönheit; und damit lassen sich die Herzen wärmstens ansprechen, mehr noch als der Verstand. Die Maßstäbe des Urteils über Architektur sind veränderlich. Die filigran verzierten Pfefferkuchenhäuser des viktorianischen Zeitalters entlocken uns heute ein mildes Lächeln. Wir sind unangenehm berührt von Bauten, die zu ihrer Zeit als schön galten. Dennoch gibt es nicht viele Menschen auf der Welt, die sich von der klassischen Schönheit des Parthenon, der Maison Carrée in Nîmes oder des Lincoln Memorial in Washington, D.C. nicht verzaubern ließen. Und jeder ist empfänglich für die Harmonie von Bauten mit ihrer Umwelt. Die bescheidene Lehmhütte, die sich aus der Wüste im Südwesten der USA erhebt, aus dem Wüstenboden selbst gemacht und mit Binsen gedeckt oder mit Ziegeln, die auf dem Oberschenkel des Erbauers geformt wurden, verletzt nicht die Regeln der Kunst. Das teuerste Bauwerk, an sich architektonisch anerkennenswert, aber seiner Umgebung entfremdet, kann sich dagegen als Wucherung darstellen, beinahe als hässlich. Daher die lobenswerten derzeitigen Bestrebungen in der Umgebung von Washington, eine Regelung der landschaftlichen Nutzungsrechte herbeizuführen. Nicht dass es gegen das menschliche Werk an sich so viel einzuwenden gäbe – es kann aber in seiner Beziehung zur größeren Schönheit der Natur fehl am Platz sein.

Man könnte die Diskussion um Möglichkeiten der Interpretation des menschlichen Strebens nach der Herstellung schöner Dinge endlos fortsetzen. Wichtiger ist es aber im Augenblick, sich um die Wiederherstellung eines Teils der natürlichen Schönheit zu bemühen, die wir schon zerstört haben, und die ursprüngliche Freude an der Schönheit unserer Umwelt wieder aufblühen zu lassen – so das Ziel des Verschönerungsprogramms, für das die Gattin des Präsidenten all ihren Enthusiasmus und das Ansehen ihrer Position in die Waagschale wirft.

Da der Interpret, innerhalb oder außerhalb des National Park Service, landschaftliche Schönheit nicht definieren oder erklären muss, bedarf auch ihr Gegenteil keiner Interpretation. Alice im Wunderland bekam von der Falschen Suppenschildkröte erklärt, dass diese in der Schule bei einer alten Schildkröte in *Verhässlichung* unterrichtet worden sei:

»Von Verhässlichung habe ich noch nie gehört«, wagte Alice einzuwenden. Der Greif erhob überrascht seine beiden Klauen.

»Nie vom Verhässlichen gehört?«, rief er aus. »Aber ich nehme an, du weißt, was verschönern ist?«

»Ja«, sagte Alice skeptisch. »Es bedeutet, etwas hübscher zu machen.«

»Na also«, fuhr der Greif fort. »Wenn du nicht weißt, was verhässlichen bedeutet, bist du ein Dummkopf.«

Wir wissen also, was Hässlichkeit ist und wie sie entsteht. In unserem hastigen Streben nach materiellem Wohlstand waren wir vergesslich oder haben absichtlich vergessen; jetzt wird uns die Rechnung präsentiert. Wer bereitwillig in einer geschmacklosen Umgebung lebt, stumpft gegen ihren unheilvollen Einfluss ab: Man akzeptiert sie schließlich als so unvermeidlich wie das Wetter. Dem ist nicht so. Es ist nachgewiesen, dass das Empfinden für Schönheit, in Stadt und Land, Metropole und Provinz durch Verschönerung deutlich gesteigert und erneuert werden kann. Ein Anfang ist gemacht.

Was der Interpret tun kann, ist, aus seiner eigenen Überzeugung heraus, auf Umwegen, aber mit Wärme, an das stets empfängliche menschliche Herz zu appellieren.

4. Die Schönheit des Handelns oder Verhaltens, dessen Menschen sich fähig gezeigt haben.

Wenn wir die Schönheit menschenmöglichen Verhaltens zu interpretieren versuchen, grinsen uns die Pessimisten nur zynisch an. Bei Emerson kann man lesen, dass »die Schönheit der Natur immer unwirklich und aufgesetzt erscheinen muss, solange nicht ebenso gute Menschengestalten die Landschaft bevölkern«.

»Mag sein«, entgegnet der Zyniker, »und wann wird das eintreten?«

Um die Antwort zu finden, müssen wir nicht in die Antike zurückgehen – zu Sokrates, Jesus oder dem römischen General Regulus. Sie ist hier und jetzt zu finden, und sie war gestern und vorgestern schon da. Im System der Nationalparks gibt es Dutzende von Denkmälern, die, richtig interpretiert, den besten Beweis dafür liefern, dass unser Land Männer und Frauen von großer moralischer Schönheit hervorgebracht hat. Und für jede und jeden von ihnen stehen Myriaden von Unbekannteren, die bescheidener gelebt haben und gestorben sind. Washingtons Geburtshaus; die verschiedenen Orte, die an Lincolns Großherzigkeit erinnern; das Haus in Appomattox, Virginia, wo Grant und Lee die schönste Größe auf der einen Seite und Edelmut im Respektieren der Niederlage auf der anderen Seite bewiesen; die Bauernburschen, die auf der Brücke in Concord, Massachusetts, kämpften;[50] die vielen erhaltenen Schauplätze des Bürgerkrieges – was stellen sie dar, wenn nicht Zeugnisse dafür, dass der Mensch über seine tierischen Schranken hinauswächst?

In Vietnam warf sich vor Kurzem ein Soldat auf eine Handgranate, um das Leben seiner Kameraden zu retten. Krieg ist etwas Furchtbares, und die Hoffnung der Menschheit ist, dass er aufhören möge zu existieren; dennoch kann man nicht leugnen, dass auf seinen Trümmer- und Schlachtfeldern einzelne Menschen große Kühnheit, Tapferkeit und Opferbereitschaft bewiesen haben. Der Harvard-Philosoph William James hatte diese Tatsache im Sinn, als er seine Schrift *The Moral Equivalent for War*[51] verfasste – einen Versuch, eine andere Triebkraft des menschlichen Lebens zu finden, die denselben Dienst tut wie der Krieg. Dass er scheiterte, ist weniger bedeutsam als die Schönheit seines Handelns, die er noch im Scheitern bewies.

In einer Gedenkstätte oder auf einem Kriegsschauplatz kann der Interpret seine Zuhörer mit Erzählungen vom Handeln der Menge fesseln: von Verlusten und Gewinnen in der schwankenden Gunst des Kampfes, vom Können der Heerführer. Es sind dies dramatische Stoffe, geeignet, die Fantasie zu befeuern, verborgene Bruchteile unserer Nationalgeschichte, die nicht vergessen werden dürfen. Aber sie sprechen den Kopf an, die Logik und die Vorstellungskraft. Das Herz erreichen die Geschichten, die erzählen, wie der Mensch in solch tragischer Umgebung den Weg zur Schönheit des Handelns findet.

V

Der Ruf nach einer Wiederbelebung des Sinns für Schönheit – in der Theorie und in ihren konkreten Ausprägungen – darf nicht ungehört verhallen. Für unser moralisches Wachstum ist eine solche Wiederbelebung unerlässlich. Sie stellt ein Programm der Erziehung dar oder, vielleicht besser ausgedrückt, der Rückerziehung, denn tief im Innern wissen wir seit je um unsere Abhängigkeit vom Schönen als Mutmacher für die Herausforderungen des Lebens. Wir haben uns nur erlaubt, das zu verdrängen. Es ist die Pflicht des Interpreten, uns wachzurütteln.

Endnoten

1 Colonial Williamsburg ist ein Teil der Stadt Williamsburg in Virginia, der als *living museum* im Stil des 18. Jahrhunderts restauriert wurde. Das Vorhaben wurde weitgehend von John D. Rockefeller junior finanziert.

2 Custis-Lee Mansion war Wohnsitz von Robert Edward Lee, ursprünglich Oberst der US-Bundesarmee, der im amerikanischen Bürgerkrieg (1861–1865) auf die Seite seines abtrünnigen Heimatstaats Virginia überlief. Das Anwesen wurde nach seiner Eroberung durch die Bundestruppen als Friedhof benutzt und ist heute Gedenkstätte.

3 Fort Frederica: von James Oglethorpe, dem Begründer der damaligen britischen Kolonie Georgia, um 1740 in der Nähe der heutigen Stadt Brunswick errichtete Siedlung und Befestigungsanlage zur Verteidigung gegen spanische Truppen.

4 The Poodle Dog: 1849 eröffnetes berühmtes französisches Restaurant in San Francisco.

5 Das aus heutiger Sicht sicher unpassende Attribut (im Originaltext »degraded«) bezieht sich auf Darwins Wortwahl »the miserable, degraded savages« (die elenden, heruntergekommenen Wilden) in seinem Buch.

6 Mittlerweile sind es mehr als 150 Jahre. Der amerikanische Bürgerkrieg dauerte von 1861 bis 1865.

7 Solche auf den Bürgerkrieg fokussierten Gruppen gibt es unter dem Sammelbegriff »Civil War Roundtables« in den USA in großer Zahl.

8 Aus: »Die Harzreise«, 1824.

9 Gemeint ist der englische Schriftsteller Thomas Hardy (1840–1928), der, im Hauptberuf Kirchenrestaurator und selbst musikbegabt, in vielen seiner Werke (»The Chapel Organist«, »Under the Greenwood Tree«) über Musik und Musiker schreibt.

10 Ansprache des Präsidenten Abraham Lincoln anlässlich der Einweihung eines Soldatenfriedhofs auf dem Kriegsschauplatz Gettysburg (Pennsylvania) im noch andauernden Bürgerkrieg 1863. Die nur zweieinhalbminütige Rede gilt als

rhetorisches Meisterwerk und nimmt im kulturellen Erbe der USA eine ähnlich bedeutsame Stellung ein wie die Unabhängigkeitserklärung von 1776. Ihr Text ist auf einer Bronzetafel am Lincoln Memorial in Washington, D.C. festgehalten.

11 Tildens Formulierung, möglicherweise von Ralph Waldo Emersons auf S. 23 wiedergegebener Aussage inspiriert, lautet »Not Instruction But Provocation«. Das englische Wort *provocation* kann »Provokation« bedeuten, aber auch – dann nicht negativ besetzt – eine Herausforderung oder bloße Veranlassung (z. B. zum Nachdenken oder Handeln).

12 Ralph Waldo Emerson (1838): *Divinity School Address*. Die Formulierung lautet im Original: »Truly speaking, it is not instruction, but provocation, that I can receive from another soul.« Sie bezieht sich auf das Erleben religiöser Wahrheiten.

13 Heute hat der National Park Service sieben Regionalbüros in Anchorage (Alaska), Atlanta (Georgia), Lakewood (Colorado), Omaha (Nebraska), Oakland (Kalifornien), Philadelphia (Pennsylvania) und Seattle (Washington).

14 *Whole* heißt heute *ganz* und hat dieselbe Wurzel wie das deutsche Adjektiv »heil«. Die vollständige Bibelstelle lautet in der deutschen Einheitsübersetzung: »Er hörte es und sagte: Nicht die Gesunden brauchen den Arzt, sondern die Kranken.«

15 Die englische Formulierung lautet »the wholesomeness of wholeness«.

16 National Capital Parks, auch National Mall and Memorial Parks: Verwaltungseinheit des US National Park Service, die eine Reihe vorwiegend historischer Stätten (National Memorials) in der Hauptstadt Washington, D.C. umfasst.

17 »Night Before Christmas« oder »A Visit from St. Nicholas«: bekanntestes (weltliches) Weihnachtsgedicht in den USA, wird meist dem Hochschullehrer und Literaten Clement Clarke Moore (1779–1863) zugeschrieben. Die Übersetzung ist von Erich Kästner.

18 Man erinnere sich, dass das Buch 1957, mitten in der Rock-'n'-Roll-Ära, verfasst wurde.

19 Übersetzung von Friedrich Schiller (in: Der Spaziergang, ca. 1795).

20 Niedrigster Punkt der USA mit einem 30 Meilen langen »See«, der jeweils nur kurzzeitig besteht.

21 Minute Men (Minuten-Männer): Miliz aus jungen Männern im amerikanischen Revolutionskrieg, die innerhalb einer Minute einsatzbereit sein sollten. Der Krieg begann 1775 in Lexington (Massachusetts).

22 Alexander von Humboldt (1849): Ansichten über die Natur. J. G. Cotta'scher Verlag, Stuttgart und Tübingen. Das »Zitat« entstammt tatsächlich zwei weit auseinanderliegenden Passagen des Werks auf S. 38 (»Darum versenkt ...«) und S. 286 (»Doch wenn jede Blüte ...«).

23 Blue Ridge Parkway: 755 Kilometer lange, ausschließlich für den Freizeitverkehr gebaute Straße in den Appalachen. Es gibt in den USA etwa 150 solcher Straßen (*Byways* oder *Scenic Byways* genannt), die es motorisierten Touristen ermöglichen sollen, Sehenswürdigkeiten des Natur- und Kulturerbes vom Auto aus zu entdecken. Oft sind das auch ältere, stillgelegte Strecken.

24 Montezuma Castle: prähistorische Felsenbehausung im US-Bundesstaat Arizona, die von spanischen Entdeckern fälschlicherweise den Azteken zugeschrieben wurde.

25 Cripple Creek: ehemalige Goldgräbersiedlung in Colorado, heute eine Kleinstadt, die mit ihrer Umgebung (Cripple Creek Historic District) in die Liste der *US National Historic Landmarks* aufgenommen wurde.

26 Gemeint ist das Geburtshaus des zweiten Präsidenten der Vereinigten Staaten, John Adams (1735–1826), das heute zusammen mit einer Reihe weiterer Wirkungsstätten der Familie, die bedeutende Staatsmänner, Wissenschaftler und Künstler hervorgebracht hat, den Adams National Historical Park bildet.

27 Im Deutschen trifft das nicht so unbedingt zu, weil »Partizipation« ohnehin nur als Fachbegriff bekannt ist, wenn auch in verschiedenen Zusammenhängen (z. B. auch für die Bürgerbeteiligung bei Planungsvorhaben). Das englische *participation* (Teilnahme, Beteiligung) ist aber stärker als seine deutsche Übersetzung ein allgemeinsprachliches Wort, das in fast jedem Kontext denkbar ist.

28 Cotton Mather (1663–1728) war ein bedeutender puritanischer Geistlicher, Gelehrter und Minister aus Massachusetts. Der politische Einfluss der Puritaner im Hinblick auf eine allen Vergnügungen entsagende Lebensart ging so weit, dass von 1659 bis 1681 in Massachusetts das Feiern des Weihnachtsfestes verboten war.

29 Chesapeake and Ohio (C&O) Canal: ein 1831 fertiggestellter circa 300 Kilometer langer Wasserweg zwischen Cumberland (Bundesstaat Maryland) und Washington, D.C., heute Bestandteil der National Capital Parks.

30 Der Natchez Trace (US-Bundesstaaten Mississippi, Tennessee) war eine alte Handelsstraße der amerikanischen Ureinwohner, deren Verlauf der heutige Natchez Trace Parkway in etwa folgt.

31 Lost '49ers (»die verlorenen 49er«): Eine Gruppe von Goldsuchern, die 1849 auf der Suche nach einer Abkürzung nach Kalifornien drei Monate lang im Death Valley umherirrten und dieser Landschaft ihren heutigen Namen gaben.

32 Metate: indianische Reibmühle, bestehend aus einer flachen Schale und einem walzenförmigen Stein (Mano), beide aus Vulkangestein gefertigt.

33 Der St. Patrick's Day am 17. März ist der Todestag des ersten christlichen Missionars in Irland (5. Jh.) und wird weltweit als irischer Nationalfeiertag gefeiert.

34 Lafayette Square: Nördlicher Teil des sog. Präsidentenparks um das Weiße Haus.

35 »McGuffey Readers«: Nach ihrem Herausgeber William Holmes McGuffey benannte Generation von Schullehrbüchern, die von der Mitte des 19. bis zur Mitte des 20. Jh. in Gebrauch waren.

36 Übersetzung von F. C. Schneider (1857).

37 Die genaue Quelle des Zitats konnte nicht aufgefunden werden, es ist hier eine Rückübersetzung aus dem Englischen wiedergegeben; die Aussage dürfte jedoch Kants *Kritik der Urteilskraft* (1790) entstammen. Tilden vermischt die Begriffe »das Schöne« und »das Erhabene«, die Kant voneinander trennt. Kants Grundgedanke, wie er in der *Kritik der Urteilskraft* zum Ausdruck kommt, ist, dass das Erhabene nur in der Empfindung des Betrachters existiert; dass also der Mensch zwar in Ehrfurcht davor erstarrt, sich aber gleichzeitig der Größe seiner eigenen Natur und Kultur bewusst sein darf, die es ihm erlaubt, etwas als erhaben zu empfinden.

38 Aus: *Nature; Addresses and Lectures* (1849).

39 Teton Range: Bergkette an der Ostflanke der Rocky Mountains, Bundesstaat Wyoming.

40 Craters of the Moon National Monument: Eine 1924 unter Schutz gestellte vulkanische Landschaft im Nordwesten der USA. Der Name spielt auf den visuellen Eindruck einer Mondlandschaft an.

41 Jackson Hole: Tal am Fuße der Teton-Range-Bergkette (Rocky Mountains) im US-Bundesstaat Wyoming.

42 Samuel Johnsons *A Dictionary of the English Language* (1755) war bis zum Erscheinen des *Oxford English Dictionary* (1928) das bedeutendste Wörterbuch der englischen Sprache.

43 Das Wort »Amateur« kommt aus dem Französischen und hat seine Wurzel im lateinischen *amator* (Liebhaber).

44 Fort Laramie: historische Befestigungsanlage in Wyoming, um 1830 erbaut.

45 Cura annonae: Institution, die in der Römischen Republik die Getreideversorgung sicherstellen sollte; Liberalitas: römische Göttin der Wohltätigkeit.

46 Schreikranich *(Grus americana)*: eine sehr seltene Kranichart Nordamerikas.

47 Aus: Wilhelm Meisters Lehrjahre, Siebentes Buch (1795).

48 »Redwood« ist der amerikanische Trivialname für die Bestände des Küstenmammutbaums *(Sequoia sempervirens)* in Kalifornien

49 Die Iguazú-Fälle liegen in Südamerika an der Grenze zwischen Argentinien und Brasilien.

50 Offensichtlich bezieht sich Tilden hier auf die »Minute Men« des Revolutionskrieges.

51 Deutsch etwa: *Ein moralisches Pendant zum Krieg*. Die Schrift basiert auf einer Vorlesung aus dem Jahr 1902 und erschien 1906.

Bildnachweis

Seite 97	Nationalpark Donauauen, Österreich	© Nationalpark Donauauen, Franz Kern
Seite 98	Nationalpark Sächsische Schweiz, Deutschland	© Christoph Richter
Seite 99	Kelvingrove Museum, Schottland	© Thorsten Ludwig
Seite 100 oben	Sequoia National Park, USA	© Sequoia National Park
Seite 100 unten	Sequoia National Park, USA	© Sequoia National Park
Seite 101 oben	Nationalpark Gesäuse, Österreich	© Nationalpark Gesäuse, Stefan Leitner
Seite 101 unten	Nationalpark Schleswig-Holsteinisches Wattenmeer, Deutschland	© Nationalpark Schleswig-Holsteinisches Wattenmeer, Silke Ahlborn/LKN.SH
Seite 102	Stift Admont, Österreich	© Thomas Sattler
Seite 103	Nationalpark Gesäuse, Österreich	© Nationalpark Gesäuse, Stefan Leitner
Seite 104	Schweizerischer Nationalpark, Schweiz	© Schweizerischer Nationalpark, Hans Lozza
Seite 105 oben	Nationalpark Hohe Tauern Kärnten, Österreich	© Nationalpark Hohe Tauern Kärnten, Alexander Müller
Seite 105 unten	Römerstadt Carnuntum, Österreich	© Römerstadt Carnuntum, Adolf Achtsnit
Seite 106 oben	Nationalpark Hohe Tauern Tirol, Österreich	© Nationalpark Hohe Tauern Tirol, Martin Lugger
Seite 106 unten	Nationalpark Hohe Tauern Kärnten, Österreich	© Nationalpark Hohe Tauern Kärnten, Martin Steinthaler
Seite 107 oben	Nationalpark Bayerischer Wald, Deutschland	© Nationalpark Bayerischer Wald, Gregor Wolf
Seite 107 unten	Flanders Fields, Belgien	© Thorsten Ludwig
Seite 108	Nationalpark Gesäuse, Österreich	© Nationalpark Gesäuse, Stefan Leitner

Seite 109	Loch Garten Osprey Centre, Schottland	© Thorsten Ludwig
Seite 110	Brauerei »Het Anker«, Belgien	© Thorsten Ludwig
Seite 111 oben	Nationalpark Schleswig-Holsteinisches Wattenmeer, Deutschland	© Nationalpark Schleswig-Holsteinisches Wattenmeer, Silke Ahlborn/LKN.SH
Seite 111 unten	Schweizerischer Nationalpark, Schweiz	© Schweizerischer Nationalpark, Hans Lozza
Seite 112 oben	Schweizerischer Nationalpark, Schweiz	© Schweizerischer Nationalpark, Hans Lozza
Seite 112 unten	Schloss Eckartsau, Österreich	© Österreichische Bundesforste Archiv
Seite 177	Schweizerischer Nationalpark, Schweiz	© Schweizerischer Nationalpark, Hans Lozza
Seite 178 oben	Nationalpark Donauauen, Österreich	© Nationalpark Donauauen, Franz Kovacs
Seite 178 unten	Nationalpark Kalkalpen, Österreich	© Nationalpark Kalkalpen, Franz Sieghartsleitner
Seite 179	Vasa Museum, Schweden	© Markus Blank
Seite 180 oben	Römerstadt Carnuntum, Österreich	© Römerstadt Carnuntum
Seite 180 unten	National Museum, Wales	© Thorsten Ludwig
Seite 181	Nationalpark Sächsische Schweiz, Deutschland	© Frank Richter
Seite 182 oben	Interpretationspfad Altrhein, Deutschland	© Thorsten Ludwig
Seite 182 unten	Jarlshof, Schottland	© Thorsten Ludwig
Seite 183 oben	Nationalpark Bayerischer Wald, Deutschland	© Nationalpark Bayerischer Wald, Gregor Wolf
Seite 183 unten	Nationalpark Gesäuse, Österreich	© Nationalpark Gesäuse, Andreas Hollinger
Seite 184 oben	Nationalpark Gesäuse, Österreich	© Nationalpark Gesäuse, Andreas Hollinger
Seite 184 unten	Nationalpark Eifel, Deutschland	© Thorsten Ludwig
Seite 185 oben	Nationalpark Harz, Deutschland	© Nationalpark Harz, Foto Lindenberg
Seite 185 unten	Nationalpark Bayerischer Wald, Deutschland	© Nationalpark Bayerischer Wald, Johannes Haslinger

Seite 186 oben	Nationalpark Bayerischer Wald, Deutschland	© Nationalpark Bayerischer Wald, Jo Fröhlich
Seite 186 unten	Nationalpark Donauauen, Österreich	© Nationalpark Donauauen, Franz Kovacs
Seite 187 oben	Nationalpark Harz, Deutschland	© Nationalpark Harz, Christian Wiesel
Seite 187 unten	Nationalpark Gesäuse, Österreich	© Nationalpark Gesäuse, Stefan Leitner
Seite 188 oben	Nationalpark Hohe Tauern Kärnten, Österreich	© Nationalpark Hohe Tauern Kärnten, Daniel Zupanc
Seite 188 unten	Nationalpark Hohe Tauern Tirol, Österreich	© Nationalpark Hohe Tauern Tirol, Andreas Steinacher
Seite 189 oben	Nationalpark Kalkalpen, Österreich	© Nationalpark Kalkalpen, Erich Mayrhofer
Seite 189 unten	Nationalpark Sächsische Schweiz, Deutschland	© Frank Richter
Seite 190 oben	Schweizerischer Nationalpark, Schweiz	© Schweizerischer Nationalpark, Hans Lozza
Seite 190 unten	Nationalpark Schleswig-Holsteinisches Wattenmeer, Deutschland	© Nationalpark Schleswig-Holsteinisches Wattenmeer, Martin Stock/LKN.SH
Seite 191 oben	Nationalpark Hohe Tauern Tirol, Österreich	© Nationalpark Hohe Tauern Tirol, Martin Kurzthaler
Seite 191 unten	Nationalpark Schleswig-Holsteinisches Wattenmeer, Deutschland	© Nationalpark Schleswig-Holsteinisches Wattenmeer, Martin Stock/LKN.SH
Seite 192 oben	Schloss Eckartsau, Österreich	© Österreichische Bundesforste Archiv
Seite 192 unten	Stift Admont, Österreich	© Stift Admont, Marcel Preda

Kurzbiografie

Freeman Tilden wird 1883 in Malden, Massachusetts (USA), als achtes der neun Kinder von Samuel und Millicent Tilden geboren. Vater Samuel, Herausgeber der Zeitung *Boston Transcript*, lehrt dem jungen Freeman schon sehr früh lange Passagen aus den Werken von Shakespeare, die er jeder Person vorträgt, die nur irgendwie zuhört. Sein großes Talent zu schreiben, stellt er schon mit 14 Jahren beim Verfassen von Artikeln für die Zeitung seines Vaters unter Beweis.

Dem Wunsch seines Vaters, auf der renommierten Universität von Harvard zu studieren, kommt er nicht nach und entschließt sich stattdessen, viel zu reisen und mehrere Fremdsprachen zu lernen. Die Stationen seiner journalistischen Karriere von 1904 bis 1910 sind Boston, Charleston, New York, Buenos Aires und London. In den Jahren 1920 bis 1923 lebt er als Europakorrespondent für die Zeitschrift *Saturday Evening and Ladies Home Journal* in England.

Parallel zu seiner journalistischen Tätigkeit verfasst Tilden Kurzgeschichten, die unter anderem als kleine Heftchen den damaligen Zigarettenpackungen beigelegt werden. Er schreibt Gedichte und Theaterstücke, wovon eines sogar für ein Jahr am Broadway aufgeführt wird. In der Zeit von 1918 bis 1928 entstehen mehrere erfolgreiche Romane.

Auf einer Reise nach Vermont lernt er die Lehrerin Mabel Martin kennen. Nach ihrer Hochzeit im Jahr 1909 leben sie in New York, aber aufgrund seiner intensiven Reisetätigkeit sind beide nur sehr selten zu Hause. Die vier Kinder Millicent, Jane, Paul Mason und Freeman werden alle an verschiedenen Orten geboren. Paul Mason erzählt später, er wäre auf 13 unterschiedliche Schulen gegangen. Erst im Jahr 1929 wird die Familie in Warner, New Hampshire, sesshaft.

Ab 1939 veröffentlicht Tilden seine eigene Zeitschrift *Open Door*, die sich mehr und mehr Naturthemen zuwendet.

Im Alter von 58 Jahren verliert Freeman Tilden die Freude am Romaneschreiben und möchte sich ernsteren Themen zuwenden. Genau in dieser Phase seines Lebens trifft Tilden in New York auf Newton Drury, den derzeitigen Direktor des National Park Service (NPS), der sofort die Gelegenheit nutzt, von der Schönheit der Parks, insbesondere Yellowstone, Yosemite und Grand Canyon, zu schwärmen. Der reiselustige Tilden fängt schnell Feuer und ist ab 1945 als Berater und Autor für den NPS tätig. Zur Erstellung eines Plans für die Öffentlichkeitsarbeit und Interpretation bereist und evaluiert er verschiedene Parks und deren interpretative Programme.

Wenige Jahre später beauftragt ihn Drury, ein Buch über die amerikanischen Nationalparks zu schreiben. Es entsteht 1951 das Buch *The National Parks: What They Mean to You and Me*. Bald wird es als das beste Buch gehandelt, das je über amerikanische Nationalparks geschrieben wurde. Das Ziel, mehr Besucher in die Nationalparks zu bringen, erfüllt das Buch definitiv. Mehr und mehr Amerikaner beginnen »ihre« Nationalparks zu besuchen.

Tilden ist von der Schönheit der Natur in den amerikanischen Nationalparks nach wie vor tief beeindruckt. Doch die Betreuung der Besucherinnen und Besucher, eine Angelegenheit, die Tilden sehr am Herzen liegt, macht ihm große Sorgen. Tanzende Bären und Busfahrten durch Mammutbäume hindurch entsprechen nicht seiner Vorstellung einer nachhaltigen Interaktion mit den Gästen. Unter diesem Eindruck überzeugt er 1952 den neuen Direktor des NPS, Conrad Wirth, davon, eine Studie über die Besucherbetreuung in den Nationalparks durchzuführen. Als die Geldmittel gesichert sind, macht sich Tilden wieder auf die Reise durch etliche Nationalparks. Um praktische Erfahrungen zu sammeln, führt er selbst Touren am *Castillo de San Marcos National Monument*. Zu dieser Zeit ist er bereits 72 Jahre alt.

1957 erscheint das Resultat: *Interpreting our Heritage*. Bald wird es zum Standardwerk der Bildungsarbeit in den amerikanischen Nationalparks und später auch weltweit. Selbst heute, nach 60 Jahren, hat es noch nicht an Aktualität verloren.

1962 wird Tilden für seine Verdienste im Naturschutz und um die Parks mit der Pugsley-Medaille ausgezeichnet.

In diesem Jahr stirbt seine Frau Mabel. Zunächst lebt Tilden bei seinem Sohn Paul Mason und dessen Frau nahe Washington. Aber bald zieht es ihn in den Norden zurück, wo er in Warren, Maine, eine Farm kauft. Nach wie vor wirkt er beratend beim NPS mit und verfasst unter anderem die Bücher *The State Parks* und *Following the Frontier*. In dem von ihm mitaufgebauten Trainingszentrum des NPS, *Harpers Ferry*, ist er weiter als Referent tätig.

1970, im Alter von 87 Jahren, begibt er sich noch einmal auf eine elfmonatige Reise kreuz und quer durch die Vereinigten Staaten, um den zu dieser Zeit amtierenden NPS-Direktor George Hartzog in Fragen der Energiekrise zu beraten.

1980 stirbt Freeman Tilden im Alter von 96 Jahren auf seiner Farm in Warren, Maine.

Seit 1982 vergibt der National Park Service jährlich den *Freeman-Tilden-Preis* für herausragende Leistungen im Bereich der Natur- und Kulturinterpretation.

Markus Blank
Aufsichtsratsmitglied Interpret Europe